thousands of people lose their lives at sea because they are forced to flee the abuses, conflicts and wars that have been caused in their home countries.

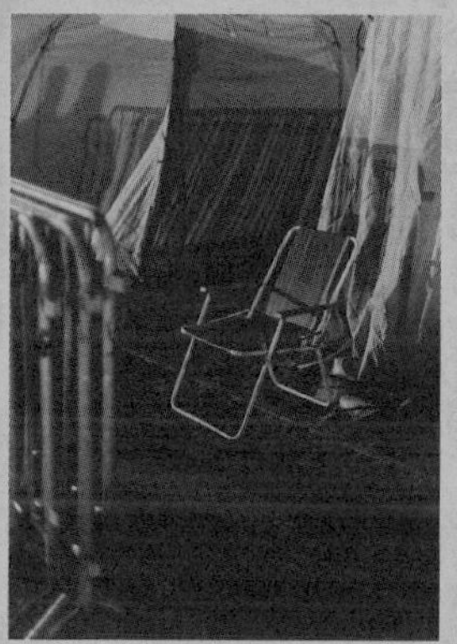

Maximilian Park

Via NATO, the European institutions welcome the people fleeing permanent conflicts in their countries. This reception nevertheless operates in a framework of dehumanized bureaucracy and administrative requirements. Those who, by sea or land, reach the desired and utopian Europe often get lost in the labyrinth of the Institution. This labyrinth consists of filling in dozens of documents and answering questions, questions, and even more questions. Submerged, the Other is held in a state of waiting before receiving a positive or negative response (you can stay or you are to be deported).

Thousands of people are now "waiting" in state-run asylum-seeker centers, and find relays in many of the N.G.O.s dedicated to mental health, education and other urgent issues. There are also personal initiatives that do not rely on large organizational structures, but that are able to create new spaces of relationships and expression between those who wait. *Here, Waiting* is the work presented by Maroussia Prignot and Valerio Álvarez, who used photography as a means of access, didactics and communication at the Fedasil Center in Jodoigne, Belgium.

In 2015, the lonstanding image of Maximilian Park in the center of Brussels changed radically. The park became a refugee camp. Once the camp was dismantled, the municipality decided to cut

EN

down all the trees in the park to prevent the situation from getting out of hand again. Valerio was there, listening, watching, photographing the situation, taking a stance and turning his images into pure oxygen. In association with his colleague Maroussia, they organized a series of workshops that they conducted in collaboration with the children of the asylum center. All the experiences of visual didactics seen in this volume were told by refugees from Iraq, Iran, Afghanistan, Chechnya, Albania, Romania, Syria, Equatorial Guinea, Somalia, Eritrea, Algeria, and Congo as they awaited an answer from the Belgian state. *Here, Waiting* helps to open our eyes and to look where people do not want us to look, to listen to what the Other has to tell us.

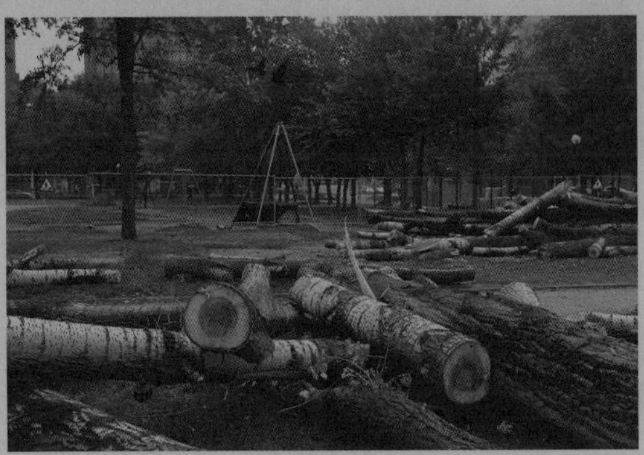

Maximilian Park

Here, Waiting is a book that advances each time we look at it. It is to be listened to, to be touched, because in essence it is not a book, but an experience of waking dreams. Photography and collaboration. Openness and freedom. Policy and results. Imagination and words. An unstoppable movement that opens us to other relations and other points of view, compared to the image production-distribution of our times. A constant exercise to strengthen empathy and learn from those who live with us, in a state of waiting... so close and yet so far.

Julian Baron
Si proche mais si loin

La Belgique, et particulièrement Bruxelles, est le lieu stratégique où s'est construite et organisée l'Europe contemporaine. Son élection en tant que capitale de l'Union Européenne s'est produite en plusieurs étapes. En 1947, Churchill parlait pour la première fois des « États-Unis d'Europe » et, quelques années plus tard, l'idée prenait corps : la Grande- Bretagne, la France, la Belgique, l'Allemagne, les Pays-Bas et le Luxembourg formaient l'Union de l'Europe Occidentale. La capitale belge fut choisie comme cellule germinale de l'Europe Unie, et c'est ainsi que la Communauté Economique Européenne a été fondée en 1958. En 1966, le siège de l'OTAN s'y est également installé et, lorsque la CEE est devenue l'Union Européenne, l'appareil administratif de Bruxelles était déjà si vaste qu'il n'était pas rentable de le déménager dans une autre ville. Bruxelles est donc devenue, en 1992, le siège de l'Union Européenne.

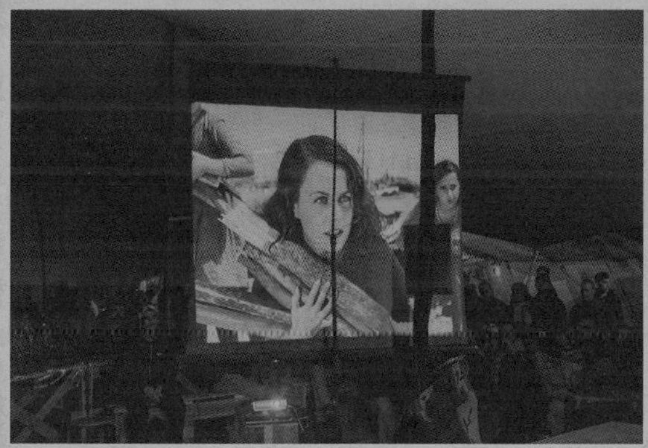

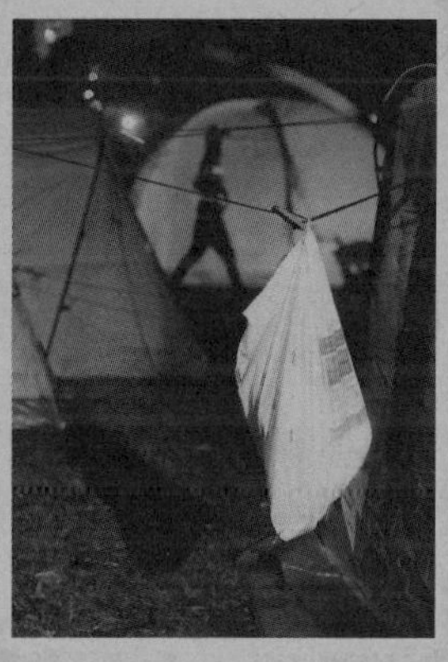

(a) Parc Maximilien
(b) Parc Maximilien

Cette année-là, selon la Banque Mondiale, il y avait 25 911 réfugiés ou personnes cherchant l'asile politique en Belgique. En 2016, le chiffre atteint 42 128. Des données, des données et encore des données, qui donnent à voir les institutions sous l'angle de leur bureaucratie alambiquée, et qui, en même temps, rendent la réalité crue invisible à nos yeux. Il n'est pas toujours facile de voir ce que quelqu'un, pour des raisons de stratégie ou de pouvoir, nous empêche de regarder.

Depuis les années 1990, des dizaines de conflits et de guerres autour du bassin méditerranéen se sont succédé. Malheureusement, ce n'est pas quelque chose de nouveau, chaque année, des milliers de personnes perdent la vie au fond de la mer parce qu'elles abandonnent d'urgence les abus, les conflits et les guerres qui ont été générés dans leur pays d'origine.

Les institutions européennes accueillent – via l'OTAN – ces personnes qui fuient des conflits permanents dans leurs pays. Cet accueil se fait néanmoins à l'aune d'une bureaucratie et d'exigences administratives déshumanisées. Ceux qui parviennent, par mer ou par terre, à atteindre l'Europe désirée et utopique se retrouvent dans le labyrinthe de l'Institution. Ce labyrinthe consiste à faire remplir

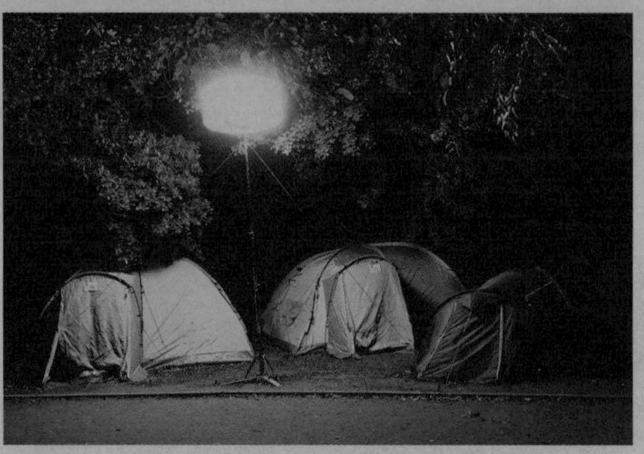

Parc Maximilien

des dizaines de papiers, à poser des questions, des questions, toujours plus de questions, à submerger l'autre, placé dans cet état d'attente, avant de lui communiquer un positif ou un négatif (tu restes avec nous ou nous t'expulsons).

Des milliers de personnes se retrouvent aujourd'hui « en attente » dans des Centres d'Accueil pour demandeurs d'asile organisés par l'Etat, et trouvent des relais dans de nombreuses A.S.B.L. dédiées à la santé mentale, à l'éducation et à d'autres questions urgentes. Il existe également des initiatives personnelles qui ne comptent pas sur de grandes structures organisationnelles, mais qui sont capables de créer de nouveaux espaces de relation et d'expression entre ceux qui attendent. *Here, Waiting* est le travail qui nous est présenté par Maroussia Prignot et Valerio

Álvarez, qui utilisent la photographie comme moyen d'accès, de didactique et de communication au Centre Fedasil de Jodoigne en Belgique.

En 2015, l'image du parc Maximilien à laquelle Bruxelles était habituée a radicalement changé. Le parc s'est vu transformé en camp de réfugiés. Cet état de débordement trouva son point de résolution dans la décision prise par la commune, une fois le camp démantelé, d'abattre tous les arbres du parc. Valerio y était, il a écouté, il a regardé, il a photographié la situation et a pris position, transformant ses images en pur oxygène. S'associant alors avec sa collègue de travail, Maroussia, ils ont organisé une série d'ateliers qu'ils ont menés en collaboration avec les enfants du centre d'asile. Toute l'expérience de didactique visuelle que l'on perçoit dans ce volume a été racontée par des réfugiés d'Irak, d'Iran, d'Afghanistan, de Tchétchénie, d'Albanie, de Roumanie, de Syrie, de Guinée équatoriale, de Somalie, d'Erythrée, d'Algérie, du Congo... qui attendent une réponse de l'Etat belge. *Here, Waiting* sert à ouvrir les yeux et à regarder là où l'on ne veut pas que nous regardions, à écouter ce que l'autre a à nous raconter.

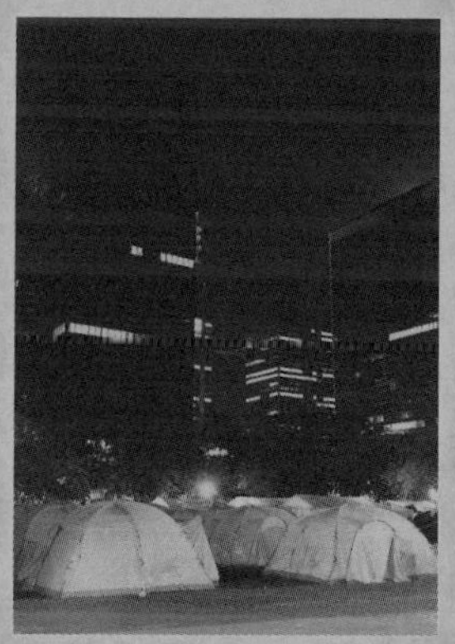

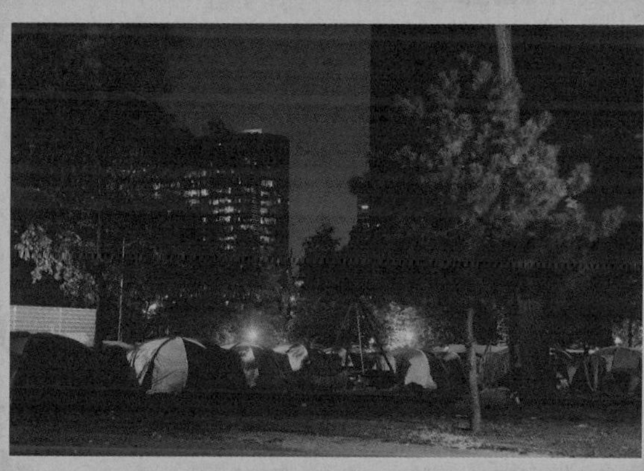

(a) Parc Maximilien
(b) Parc Maximilien

Here, Waiting est un livre qui avance chaque fois qu'on le regarde, il s'écoute, se touche, car dans son essence il n'y a pas de livre, mais une expérience de rêves éveillés. Photographie et collaboration. Ouverture et liberté. Politique et résultats. Imagination et mots. Un mouvement imparable qui ouvre à d'autres relations et à d'autres points de vue par rapport à la production-distribution d'images de notre époque. Un exercice constant pour armer l'empathie et apprendre de qui vit avec nous, dans un état d'attente... si proche mais si loin.

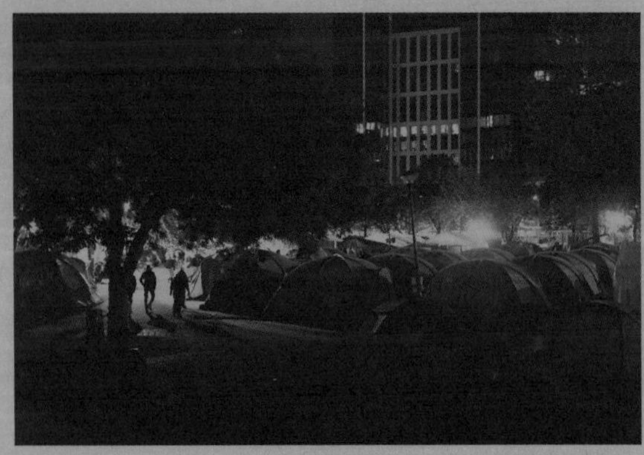

Parc Maximilien

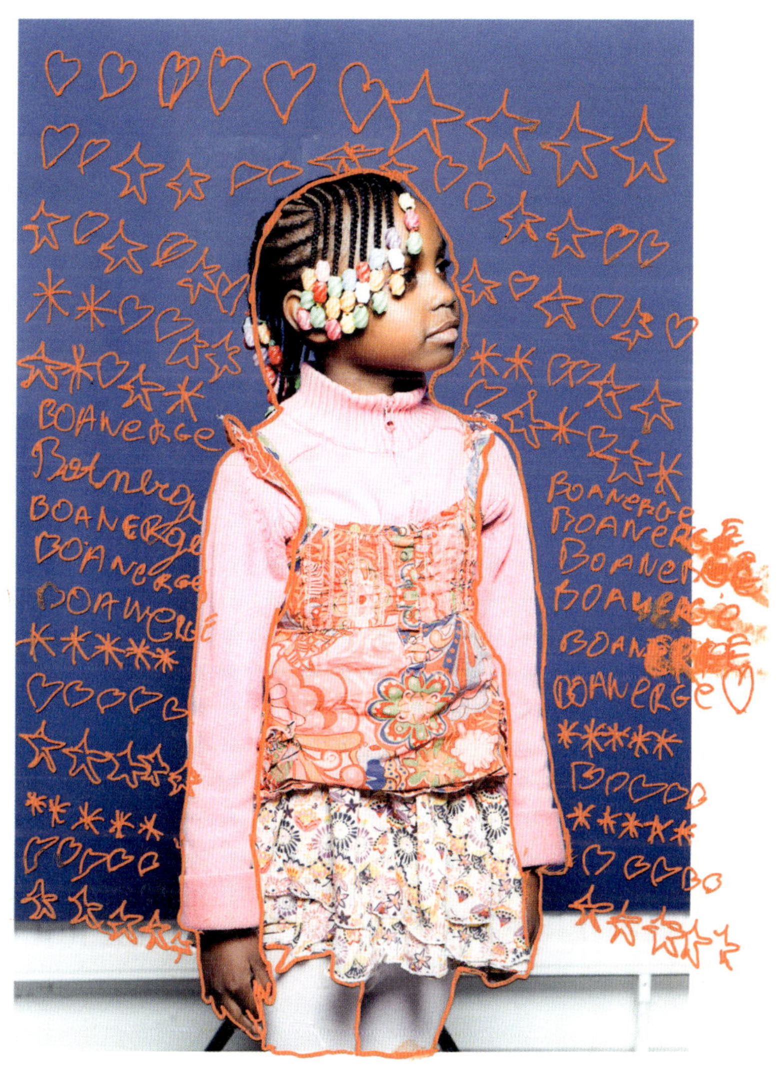
BOANERGE
BOANERGE
BOANERGE
BOANERGE
BOANERGE
BOANERGE
BOANERGE

Ma mère chère

Je l'ai dit plusieurs fois là comme moi Mère!

Vous me soulevez, donc je t'aime. Vous ma dit beaucoup de choses m'a appris tout. Donc vous mèritez, que nous pouvons rester. Je vous le dit encore une fois d'avois plus de valeur avec. Je t'aime Mama!

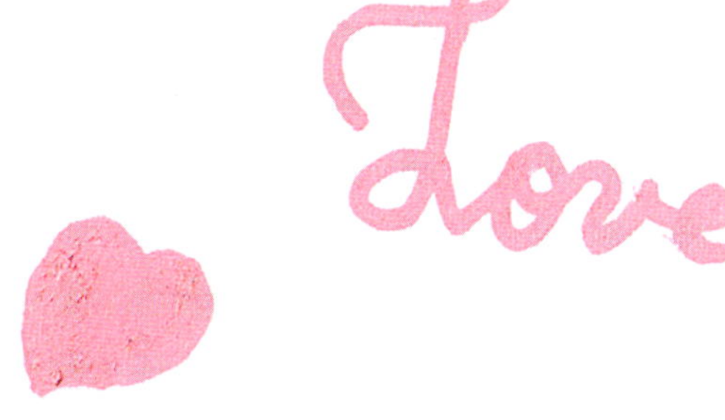

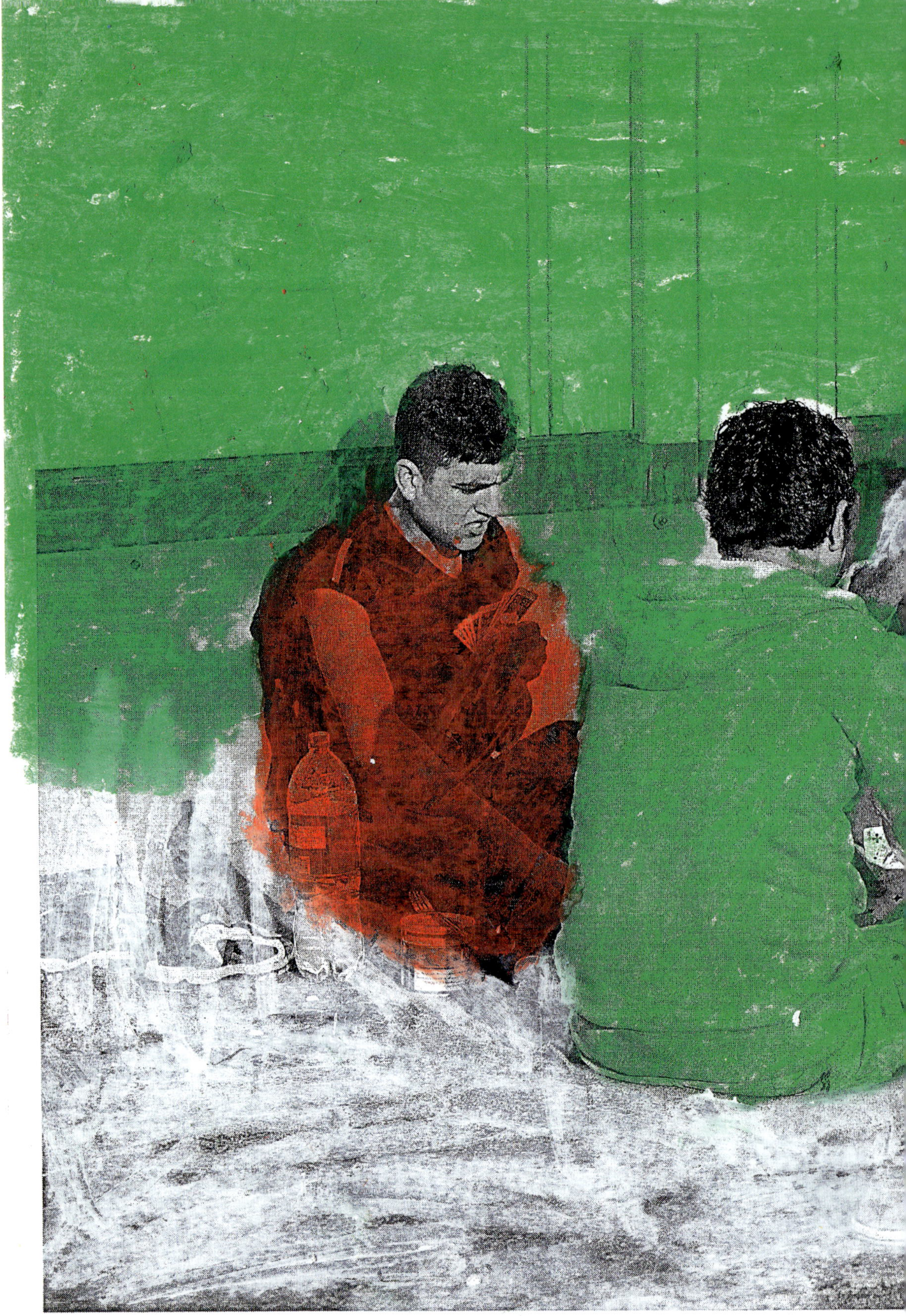

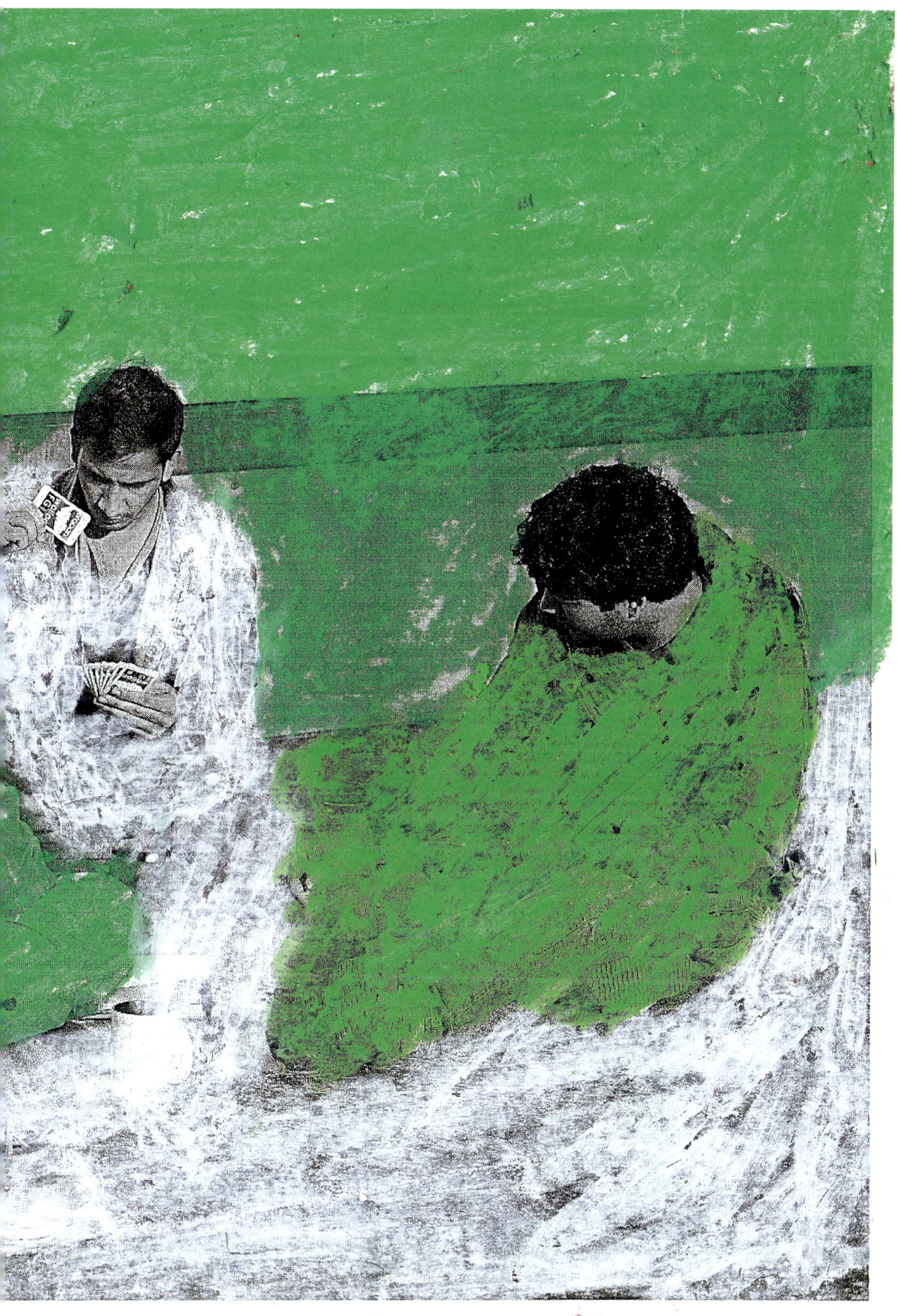

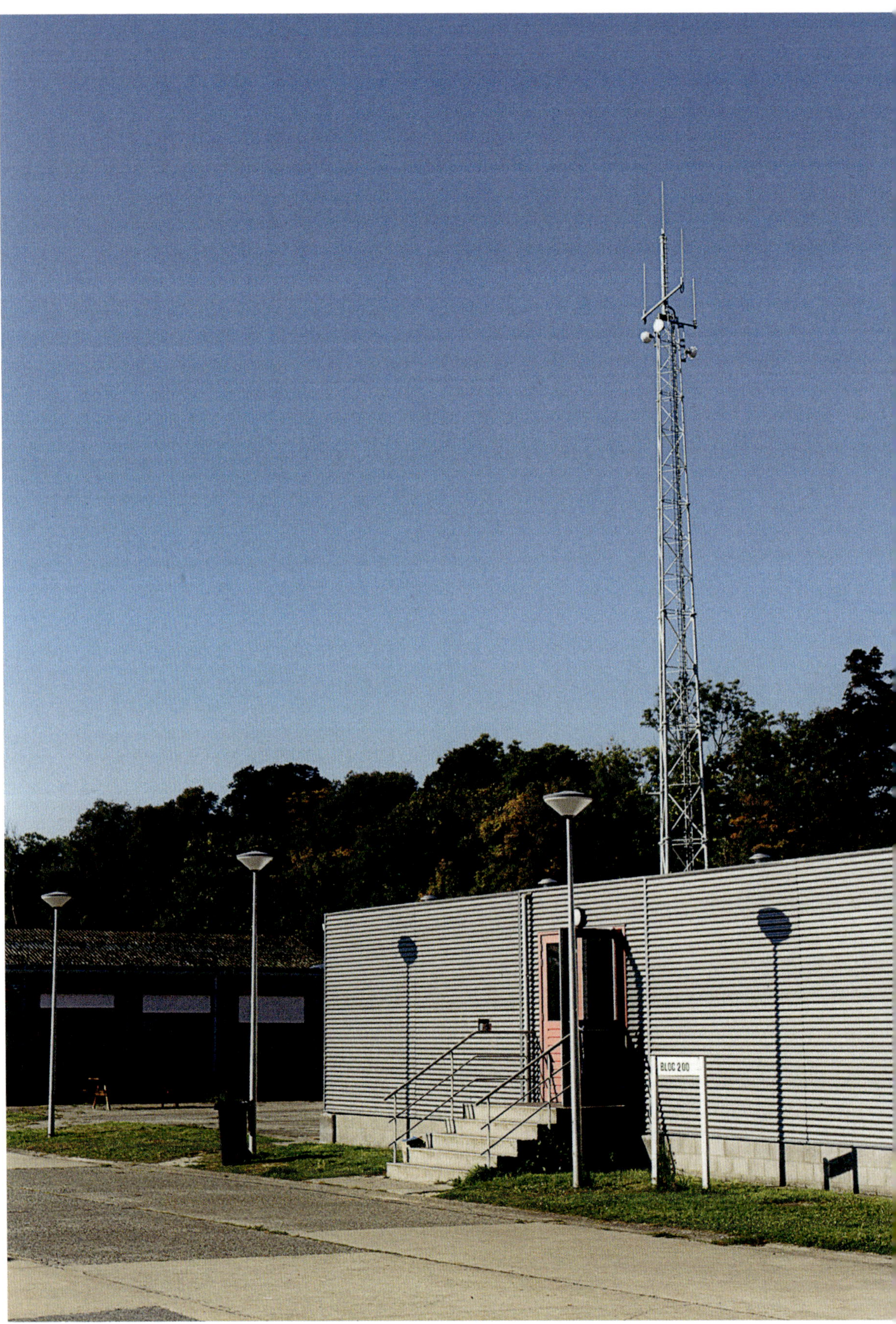
BLOC 200

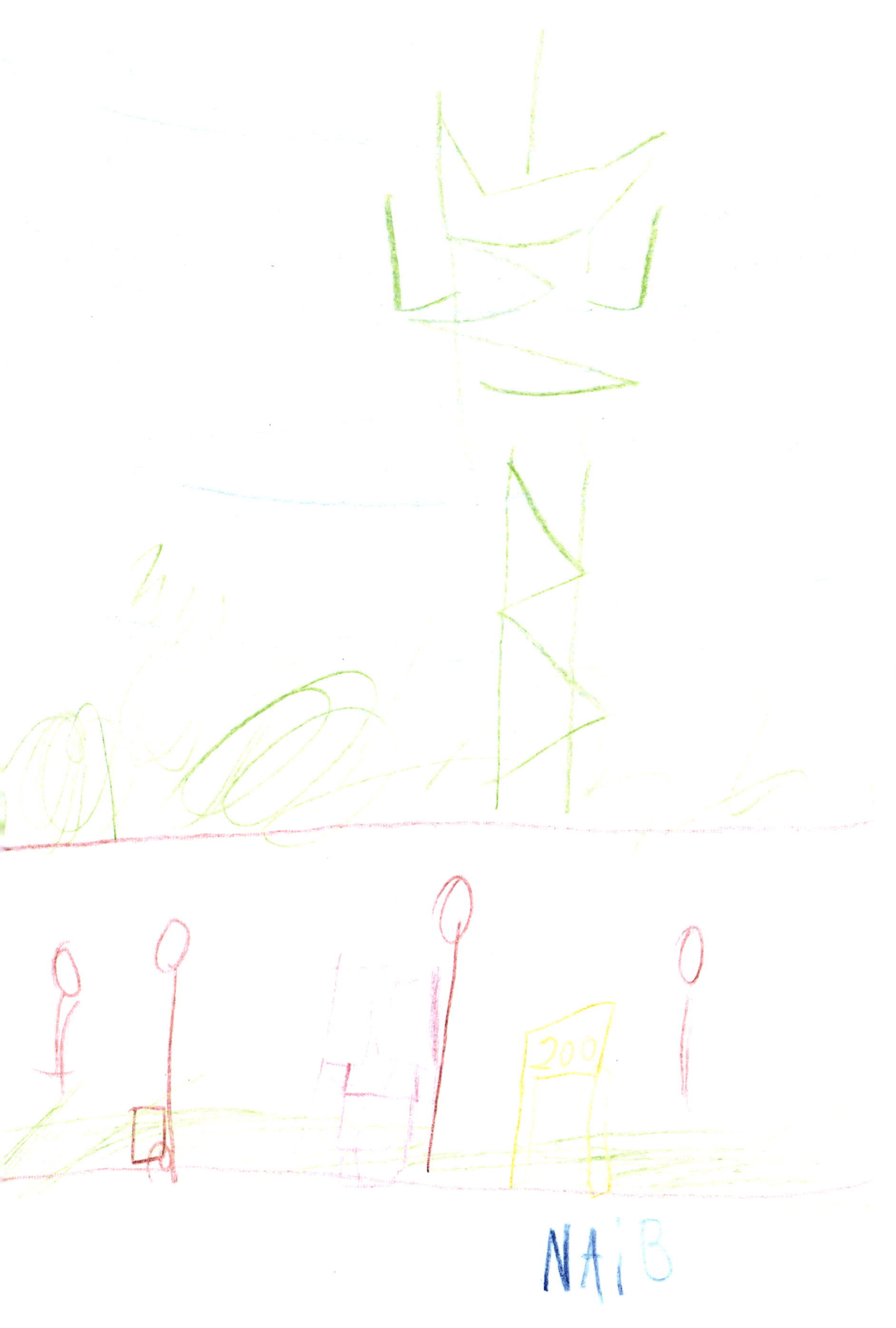
200
NAIB

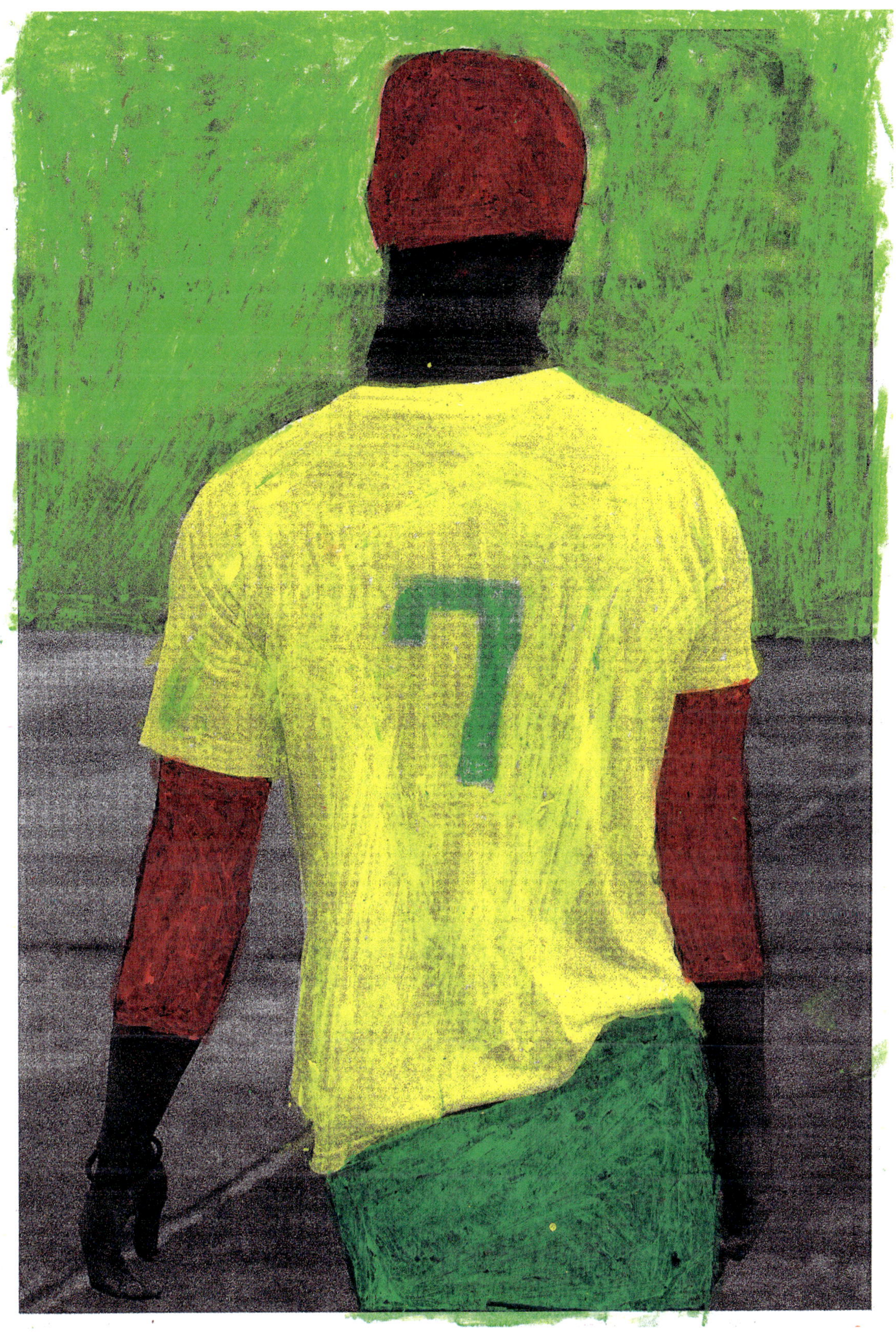
7

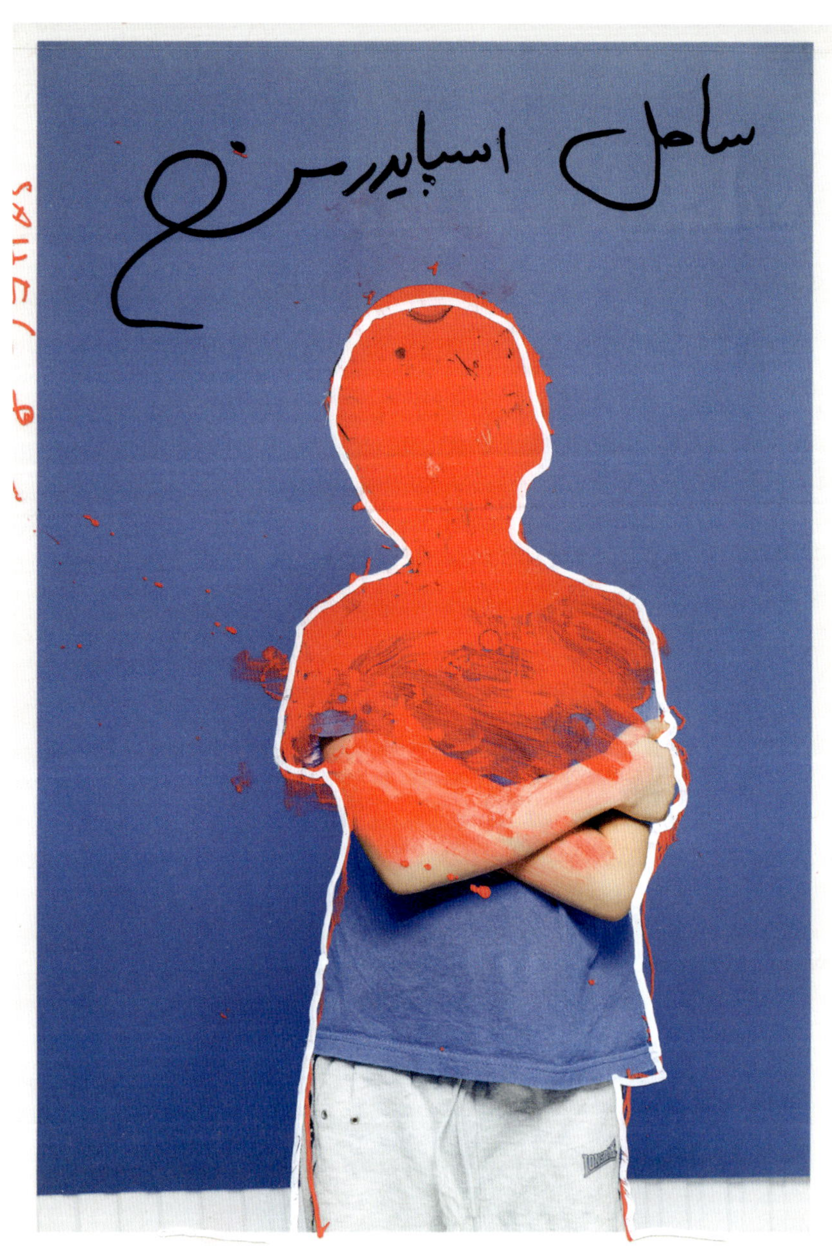
سامل اسپایدرمن

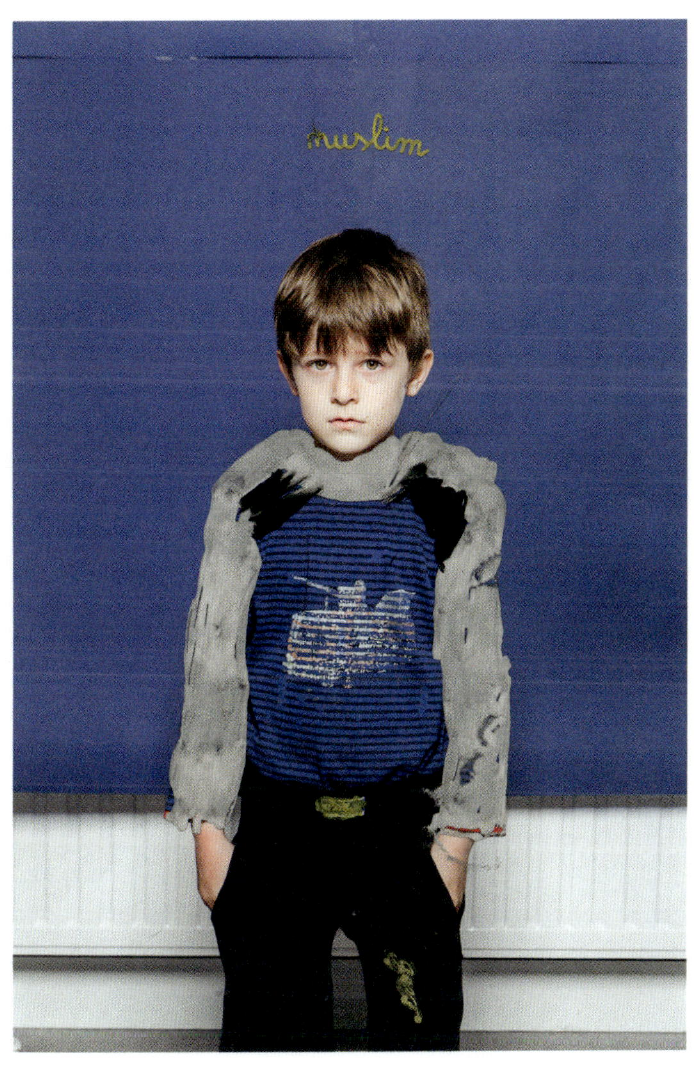
muslim

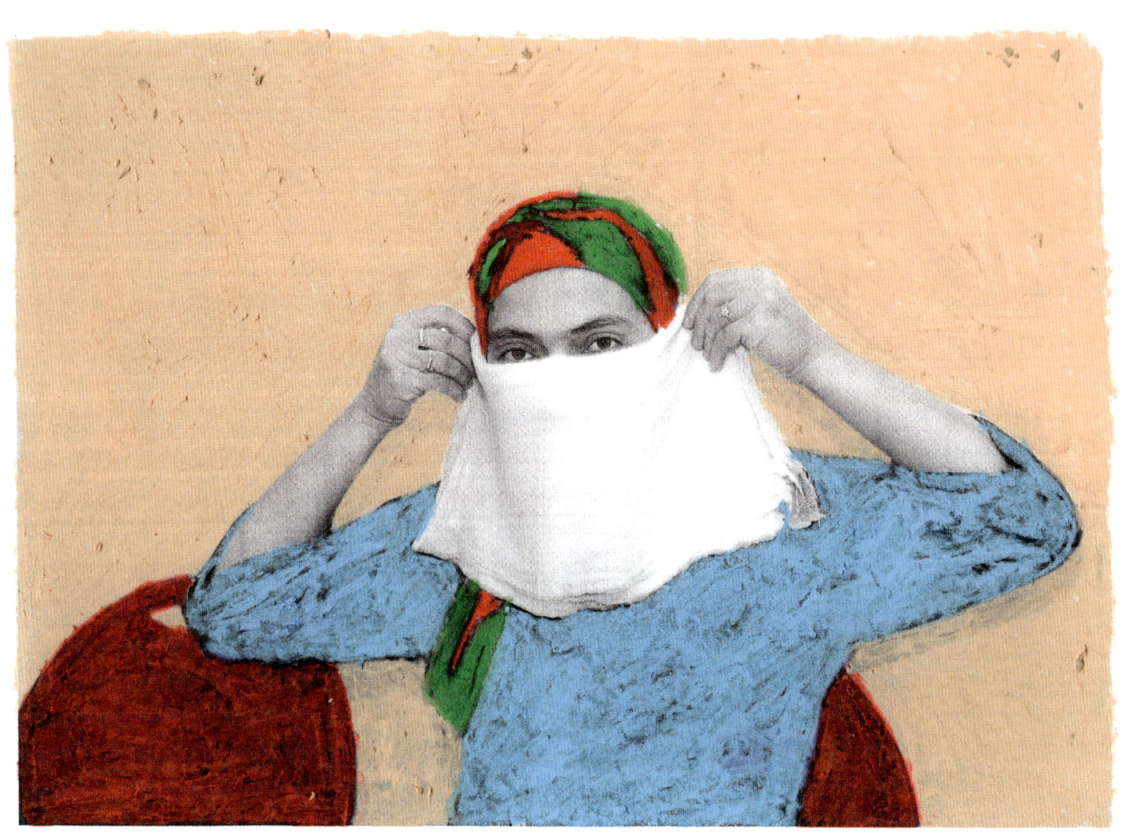

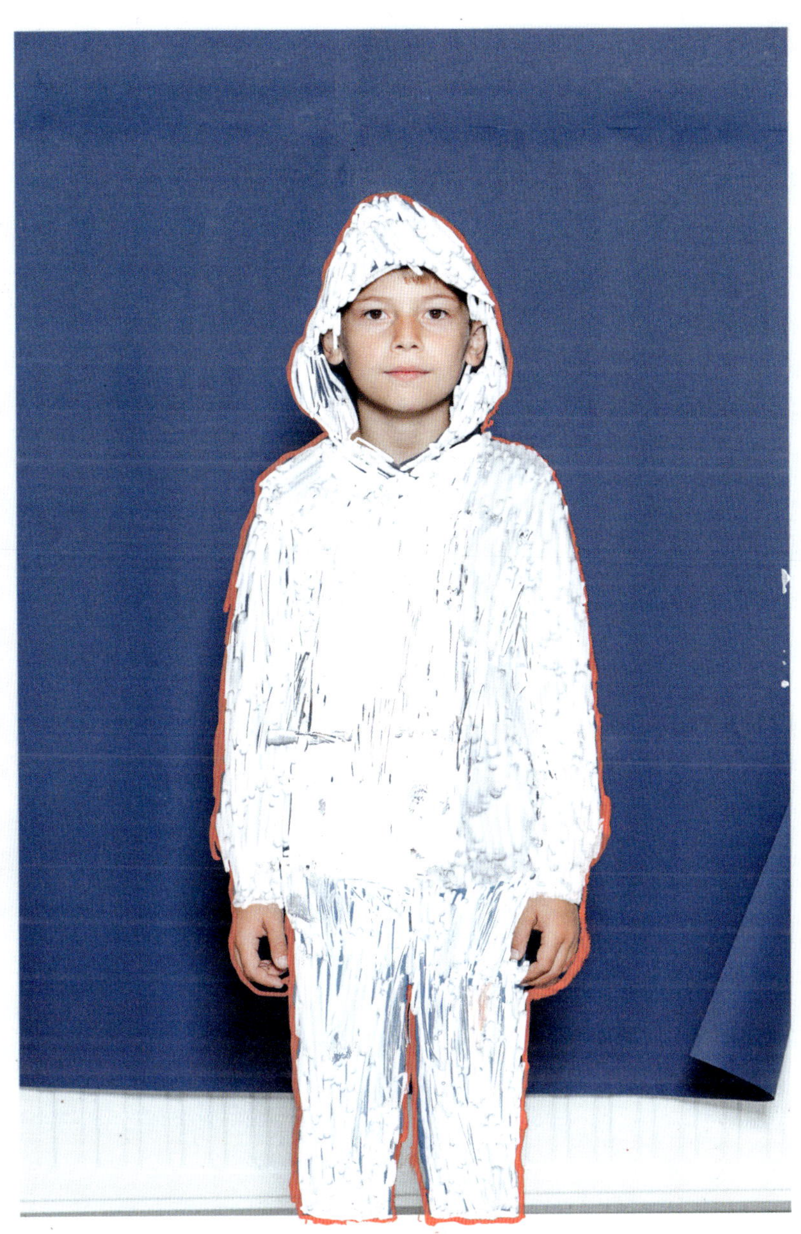

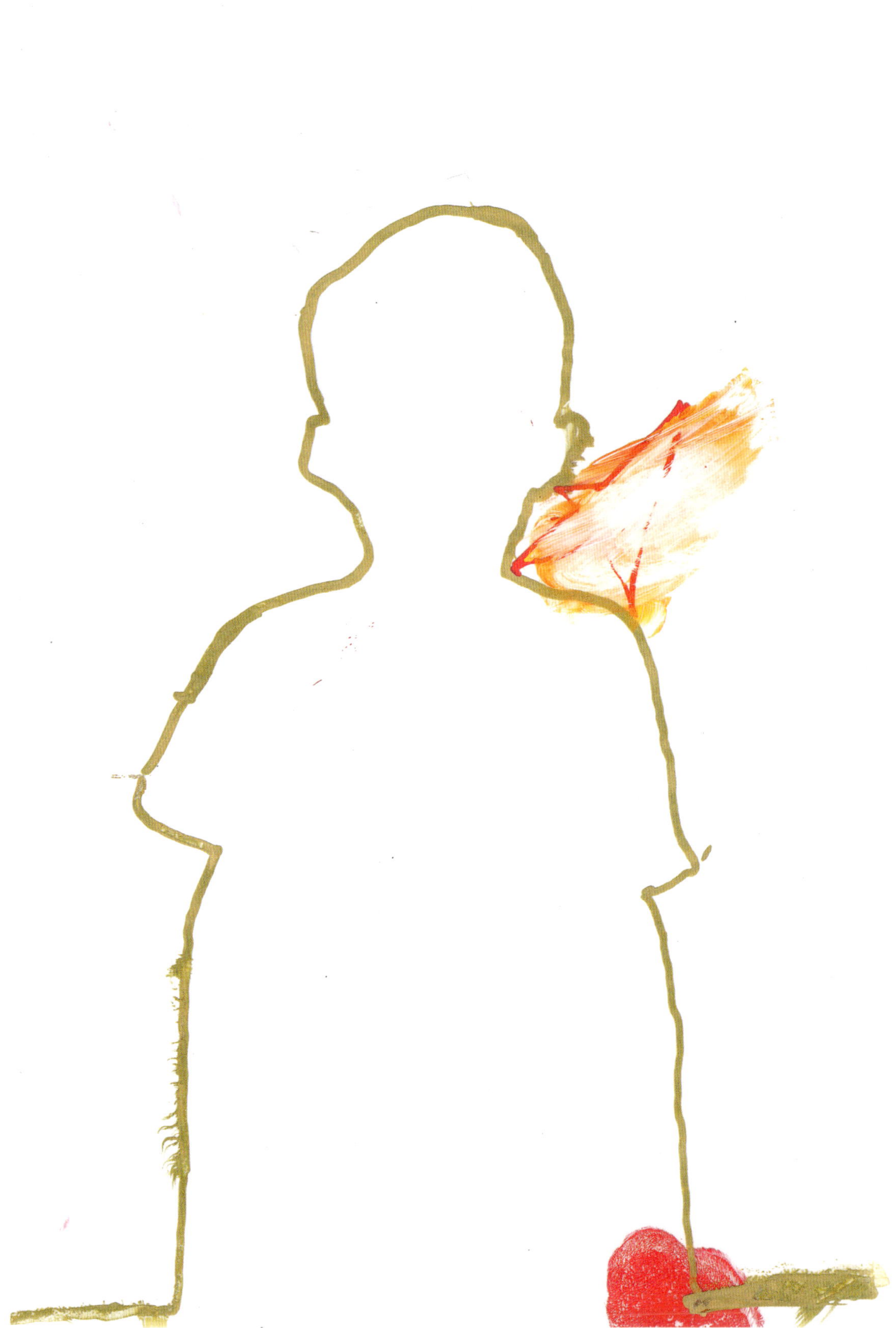

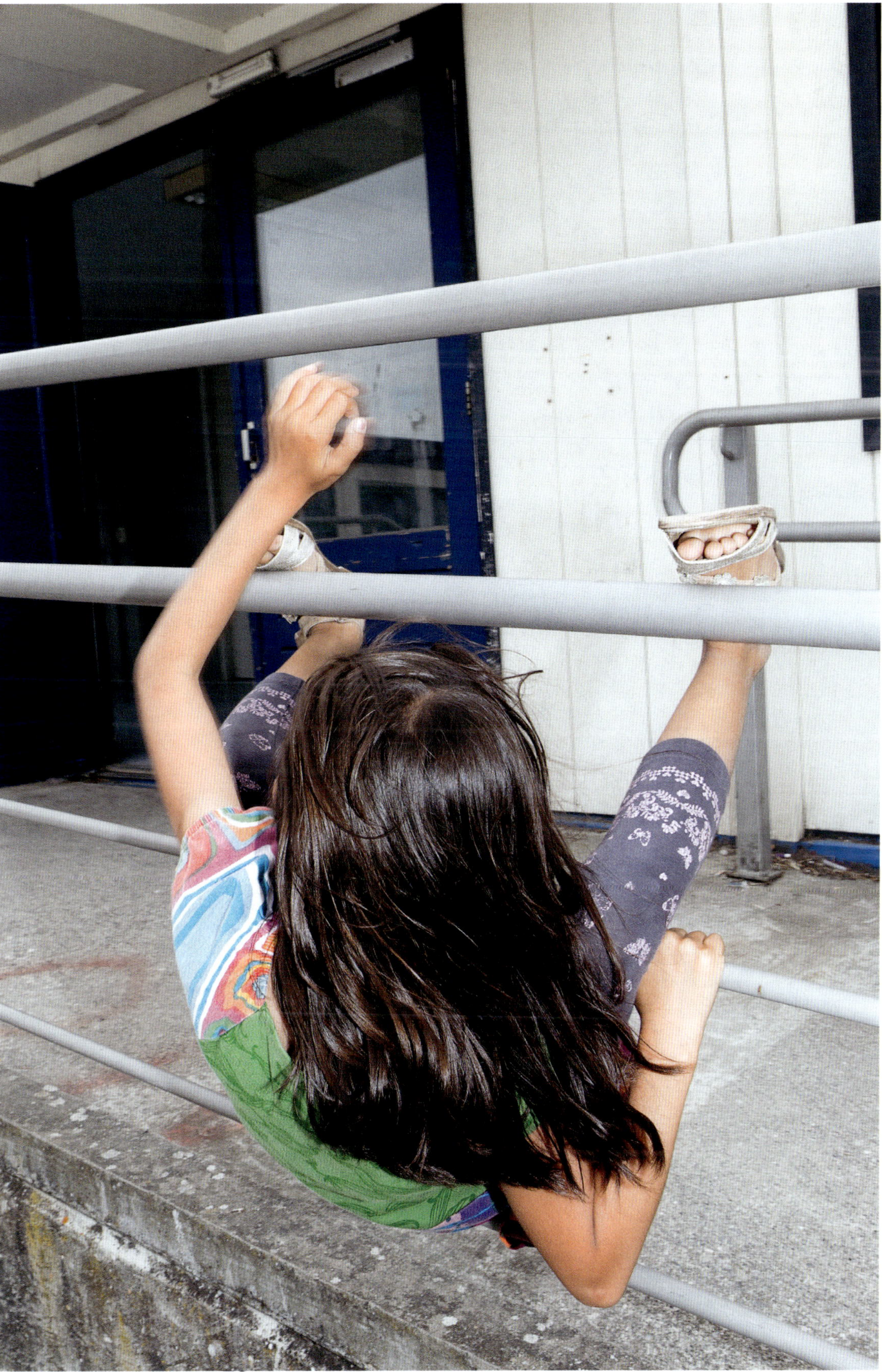

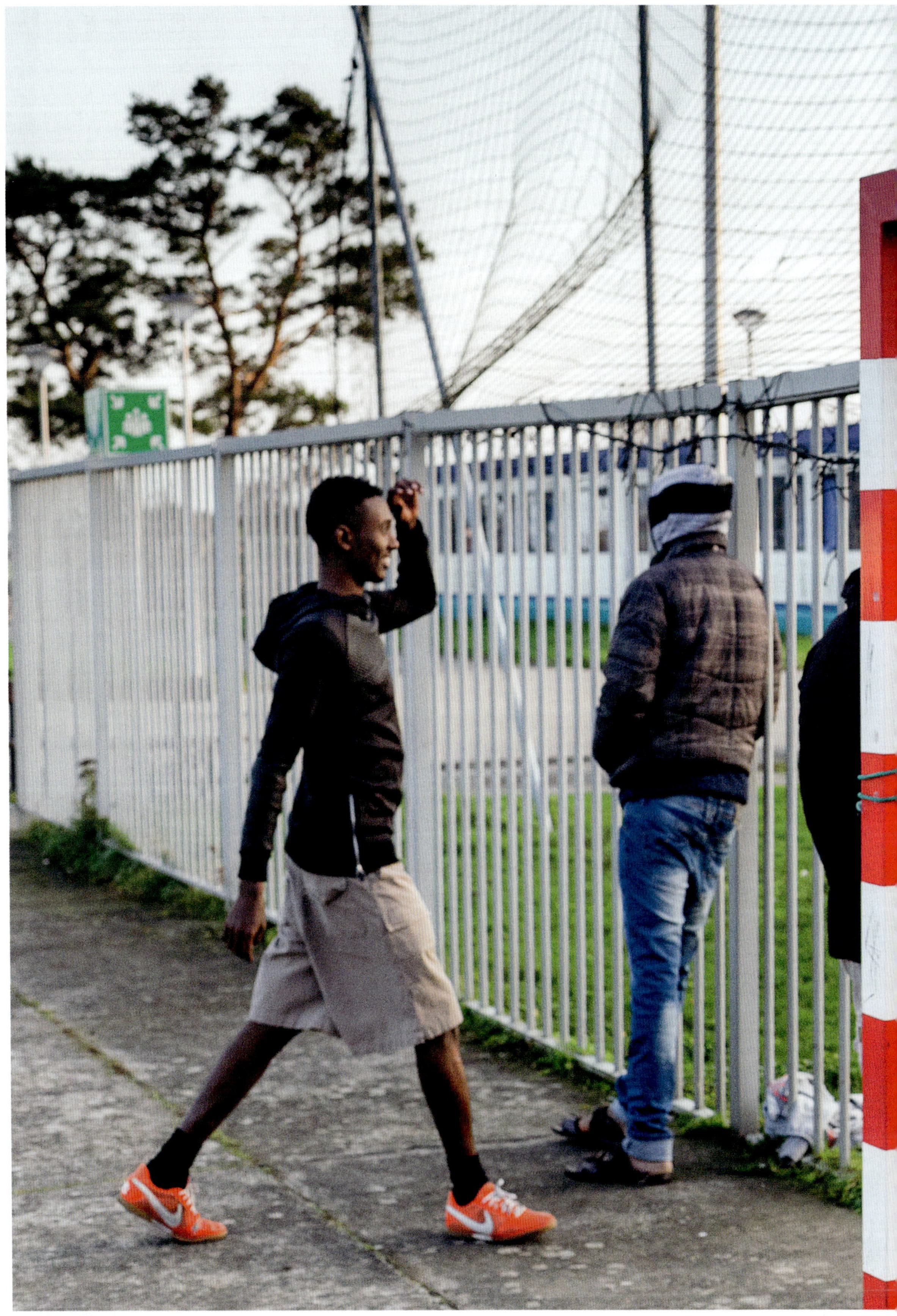

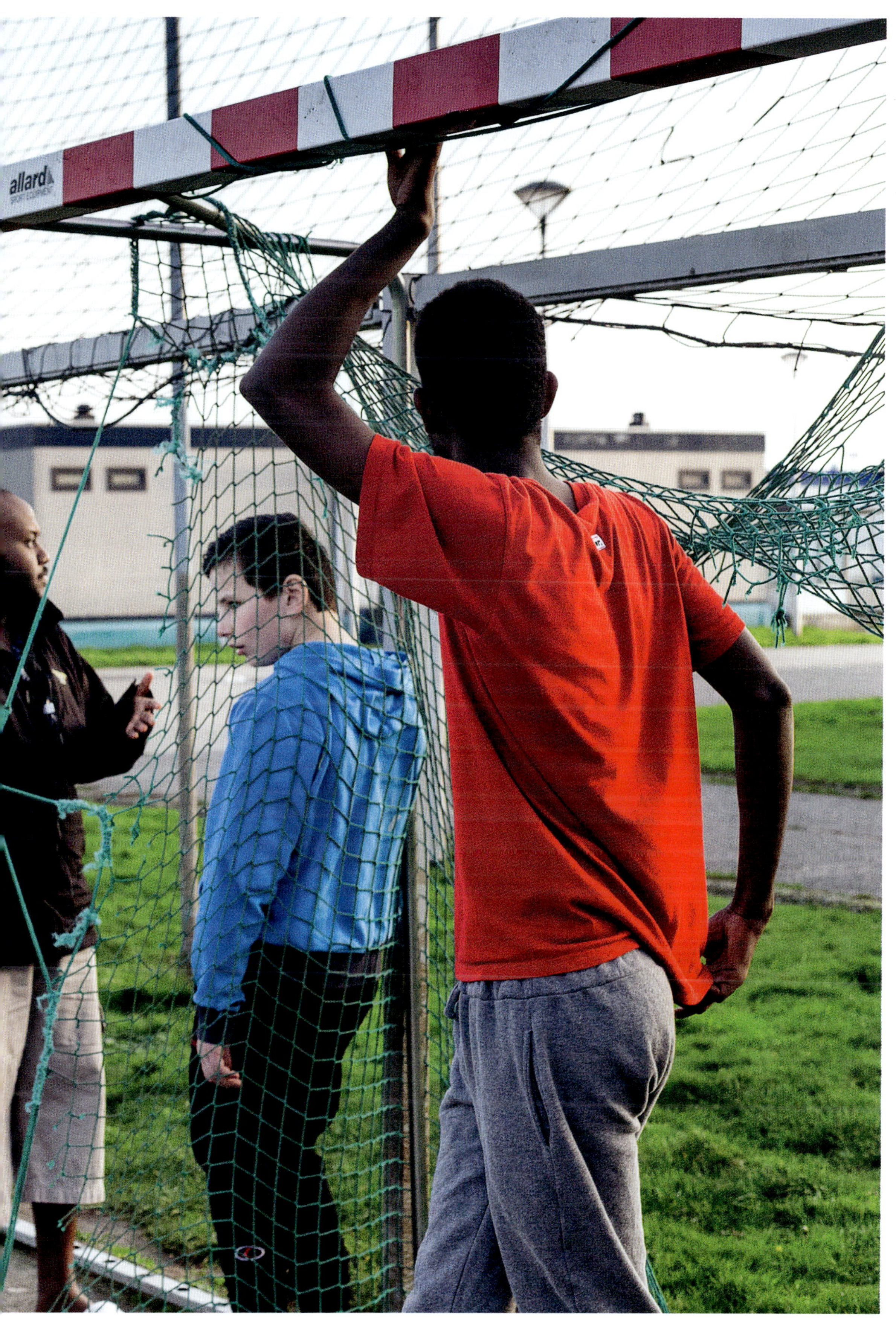
allard

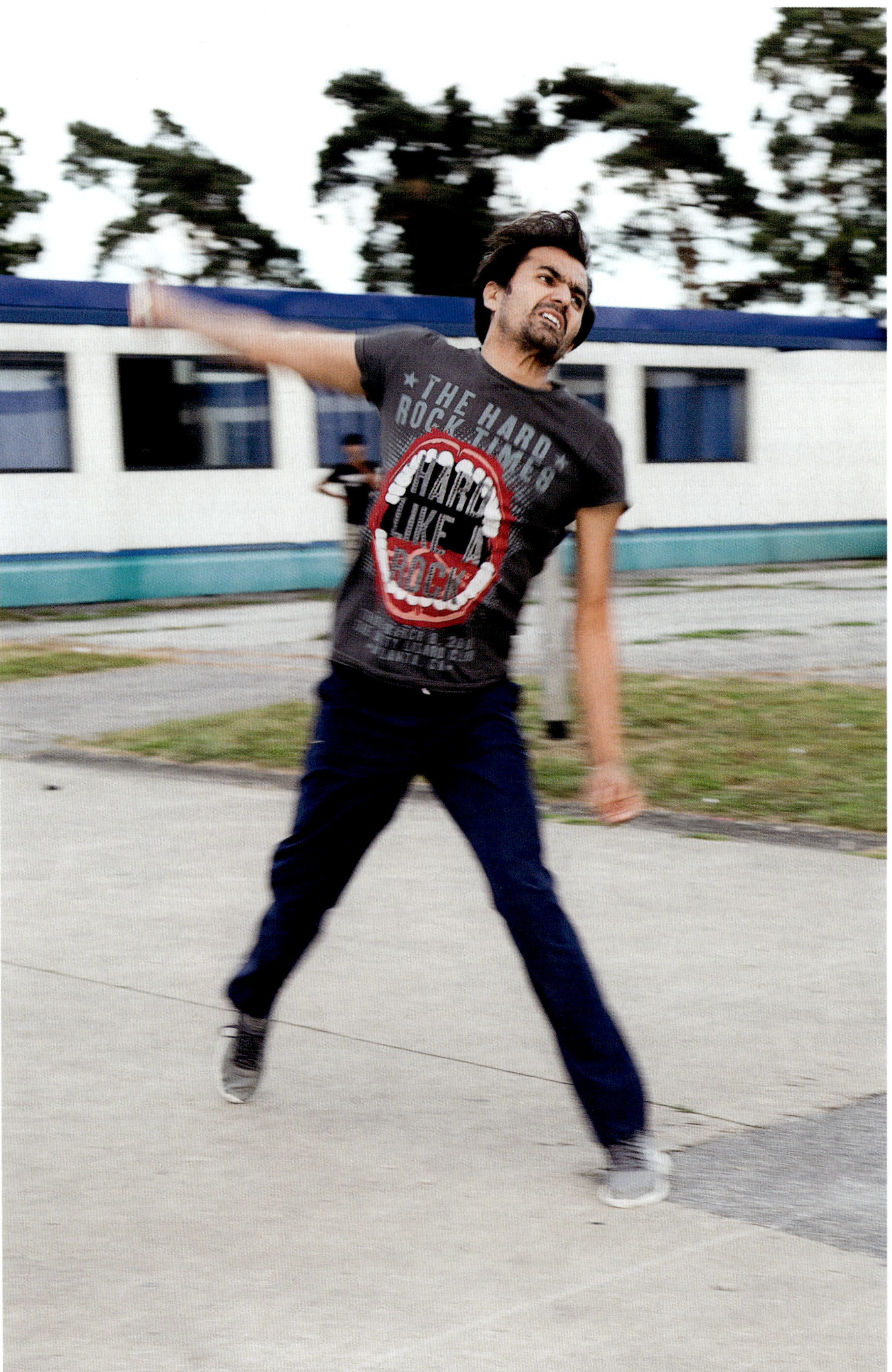
THE HARD ROCK TIMES
HARD LIKE A ROCK

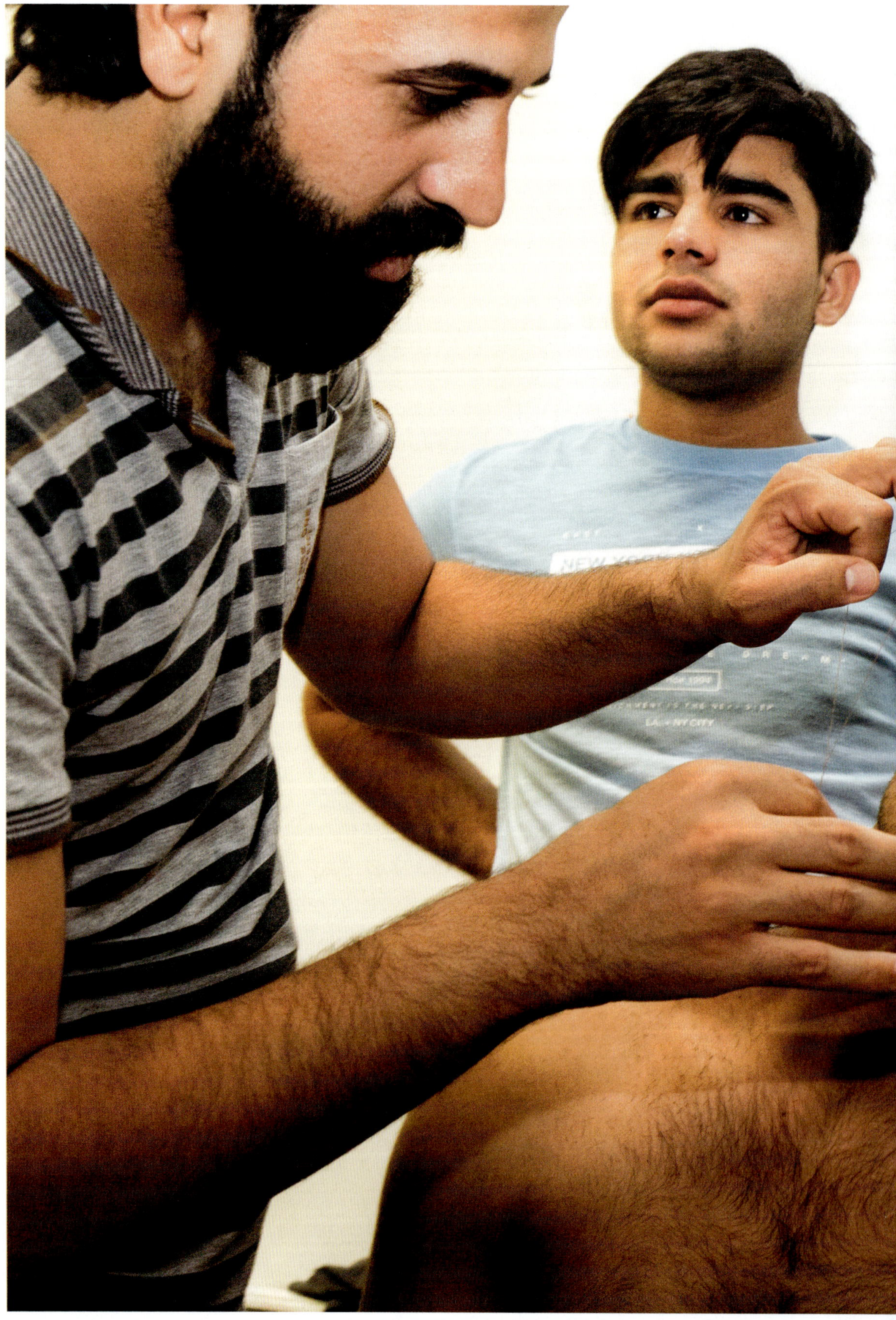

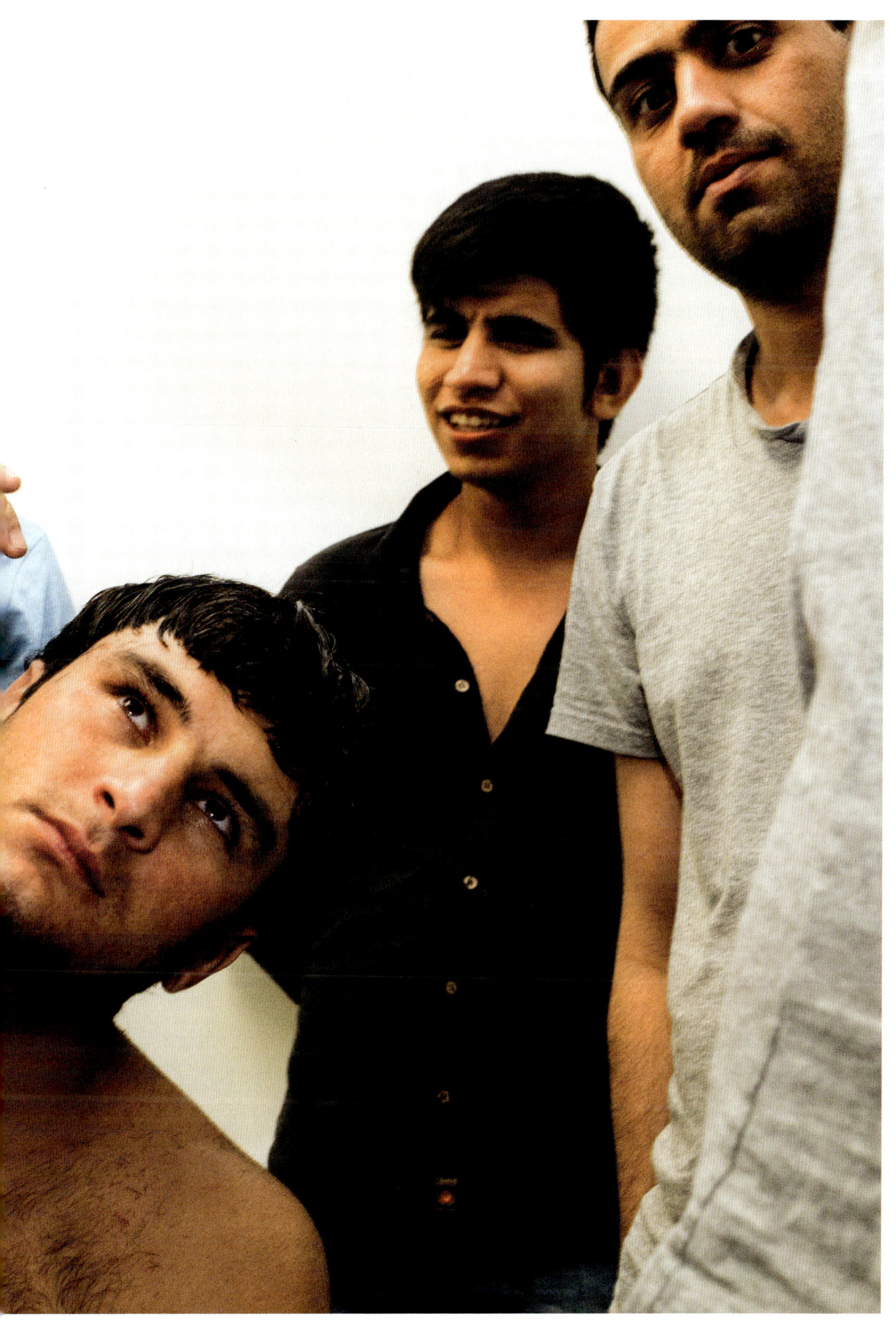

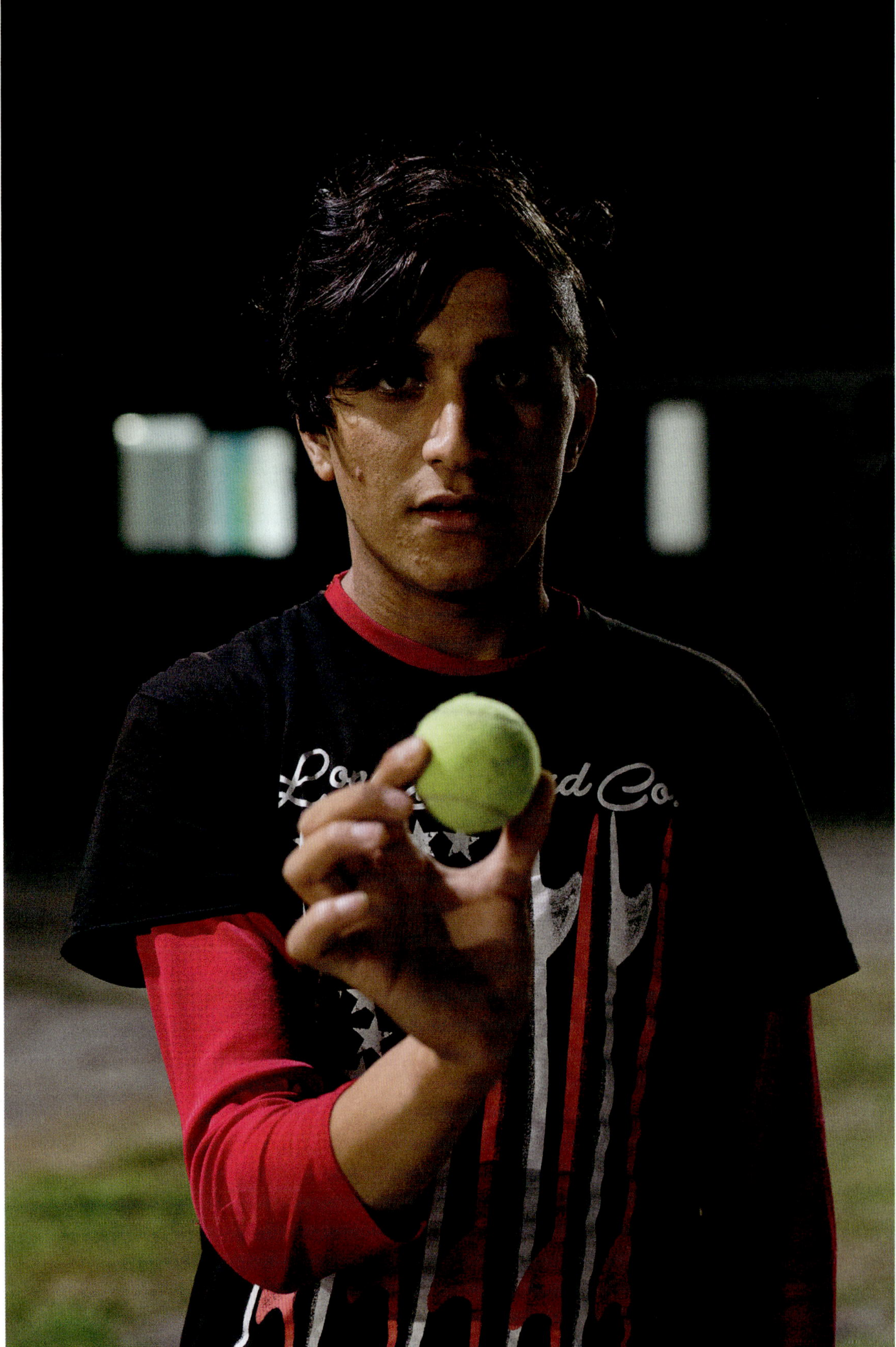

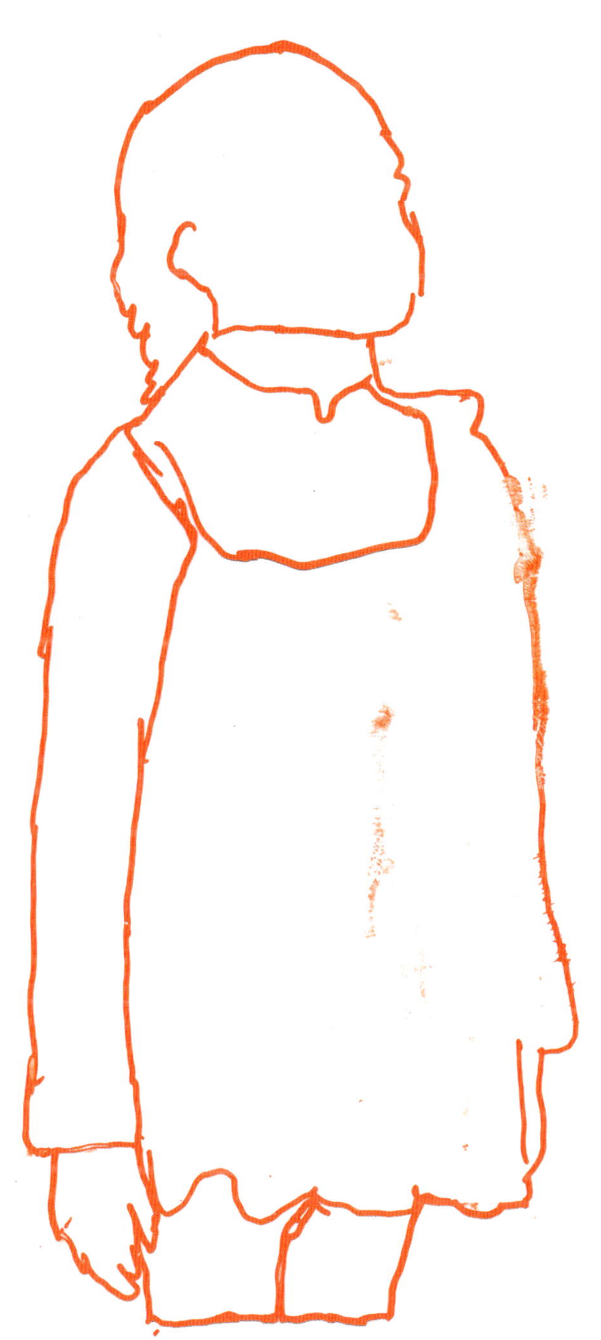

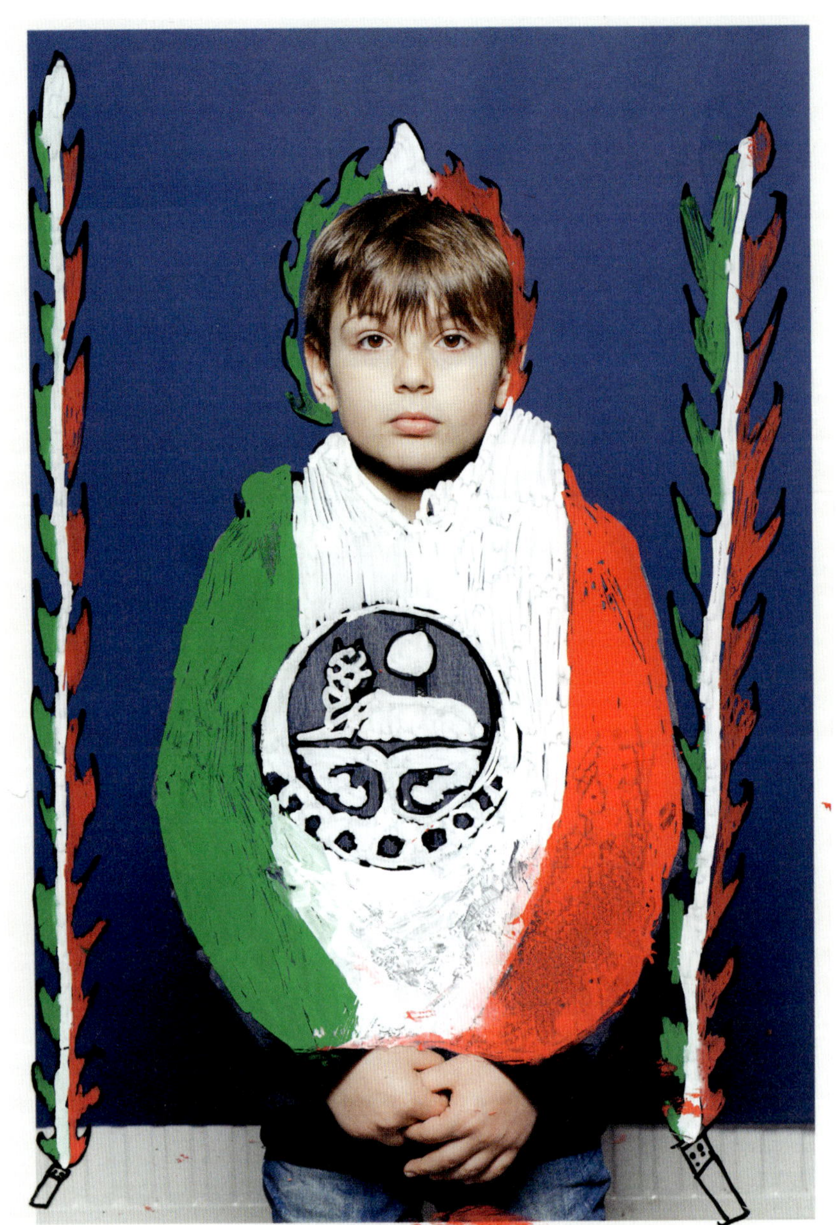

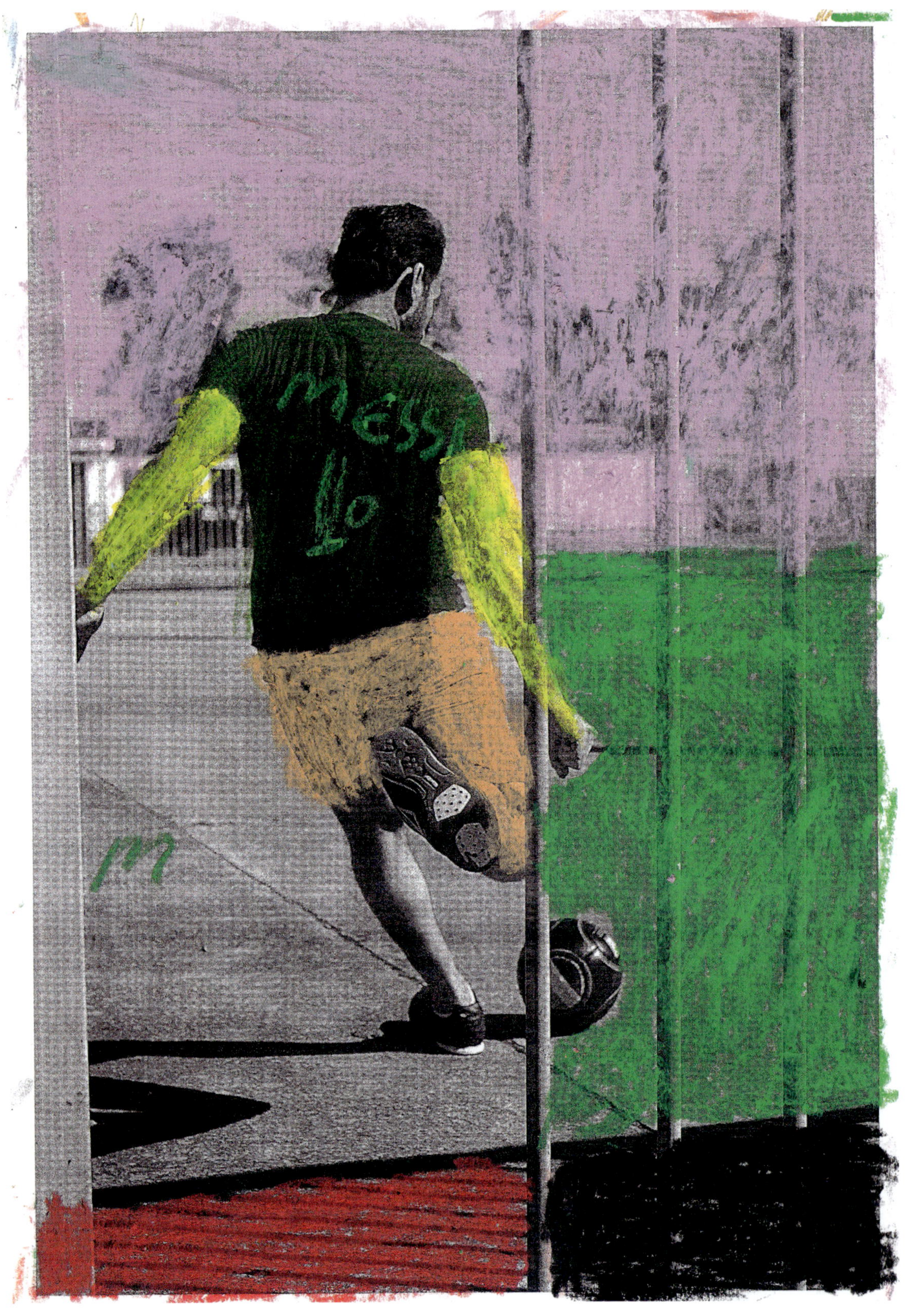
Messi
10

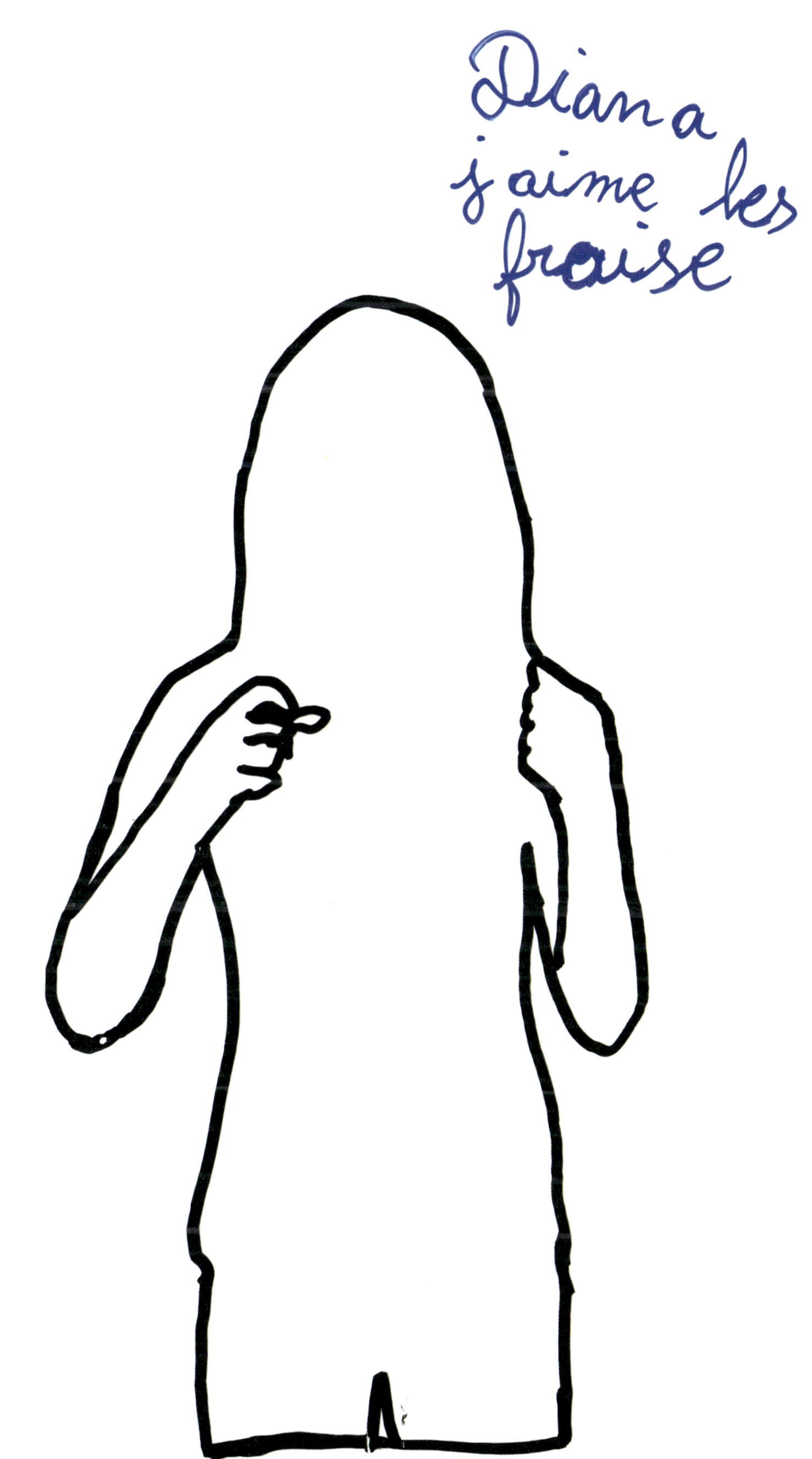
Diana
j aime les
fraise

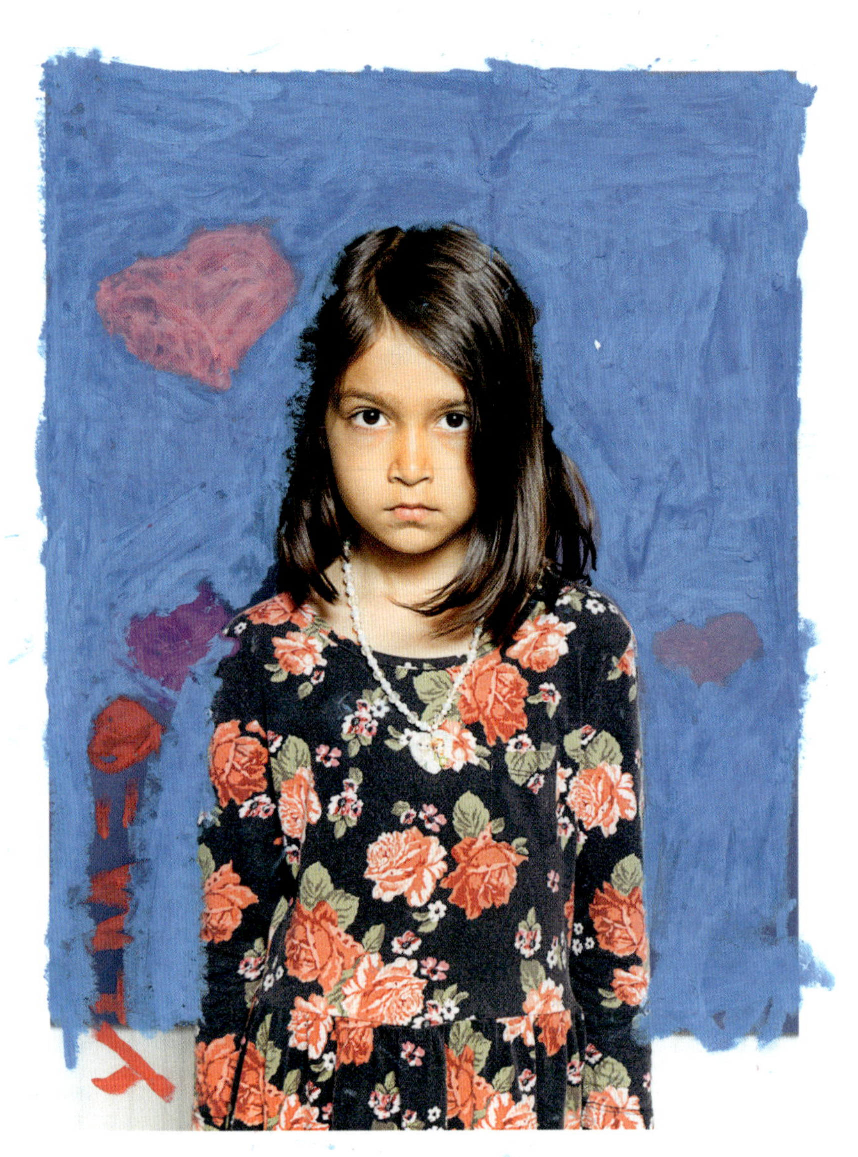

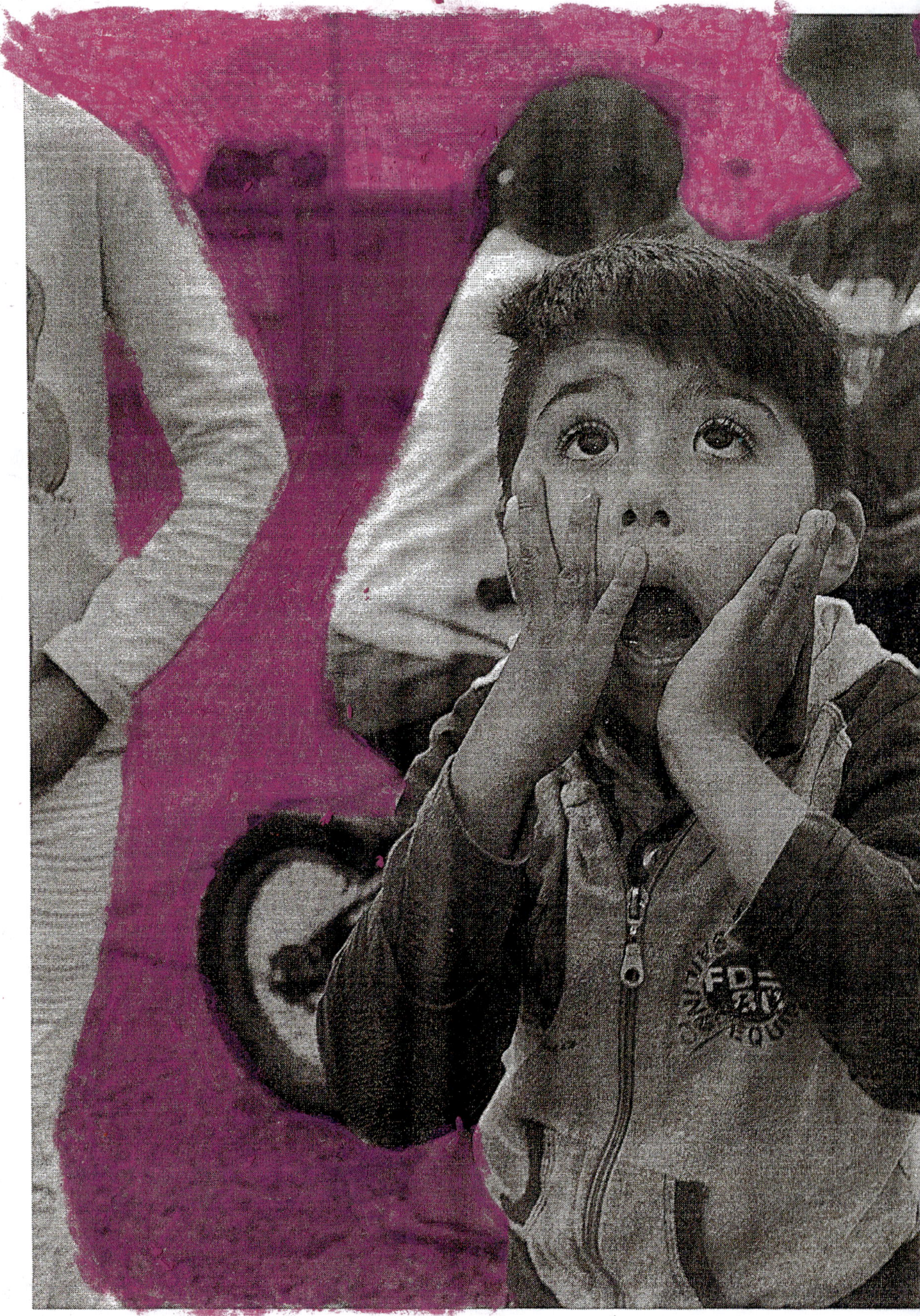

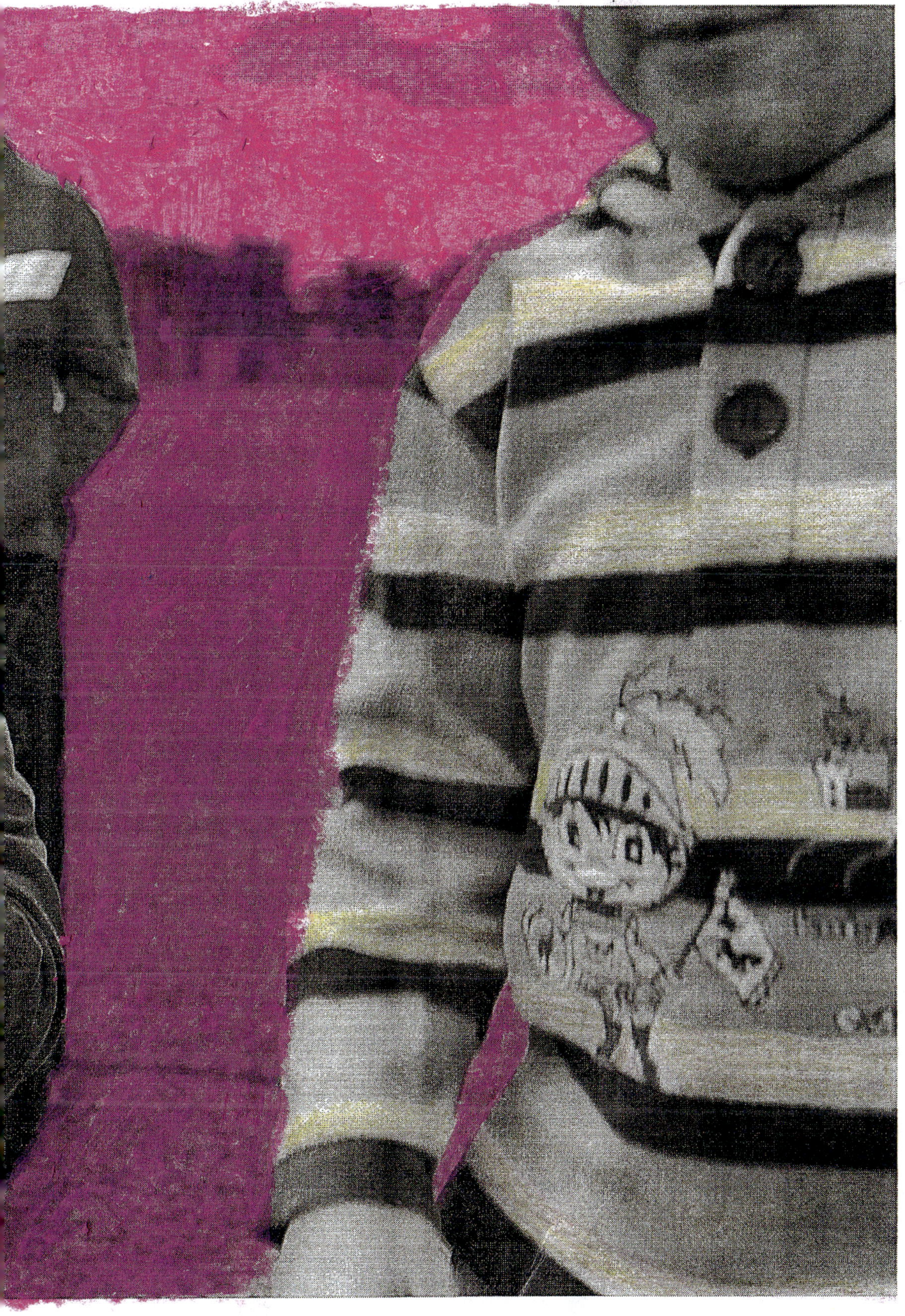

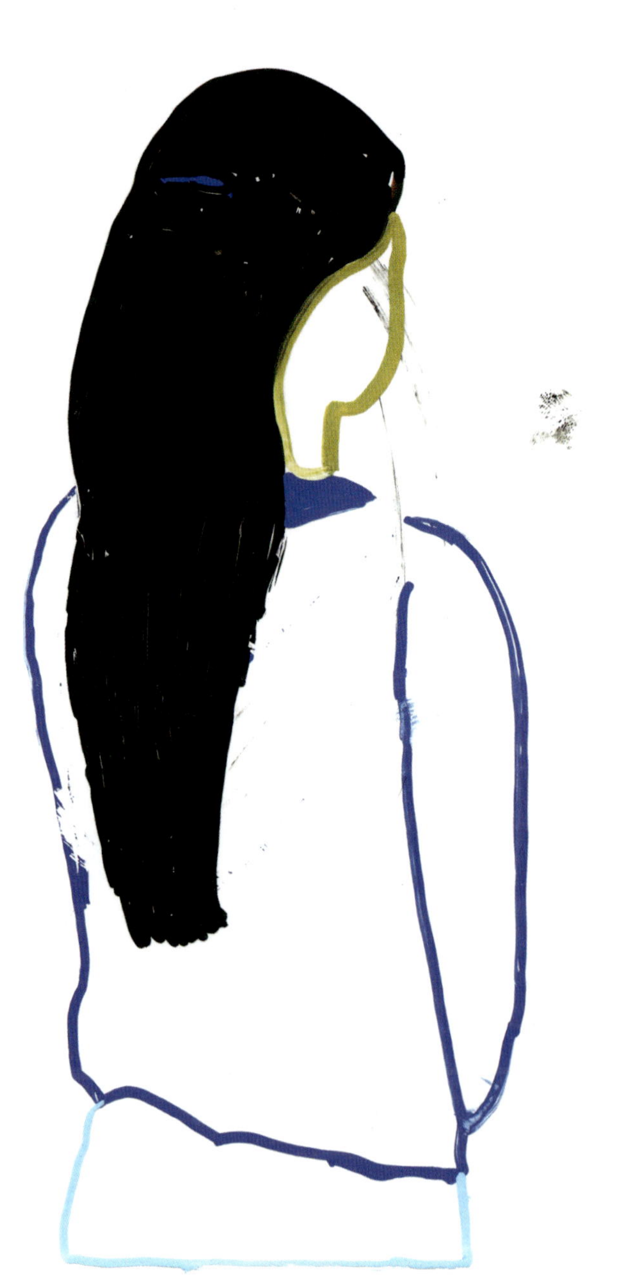

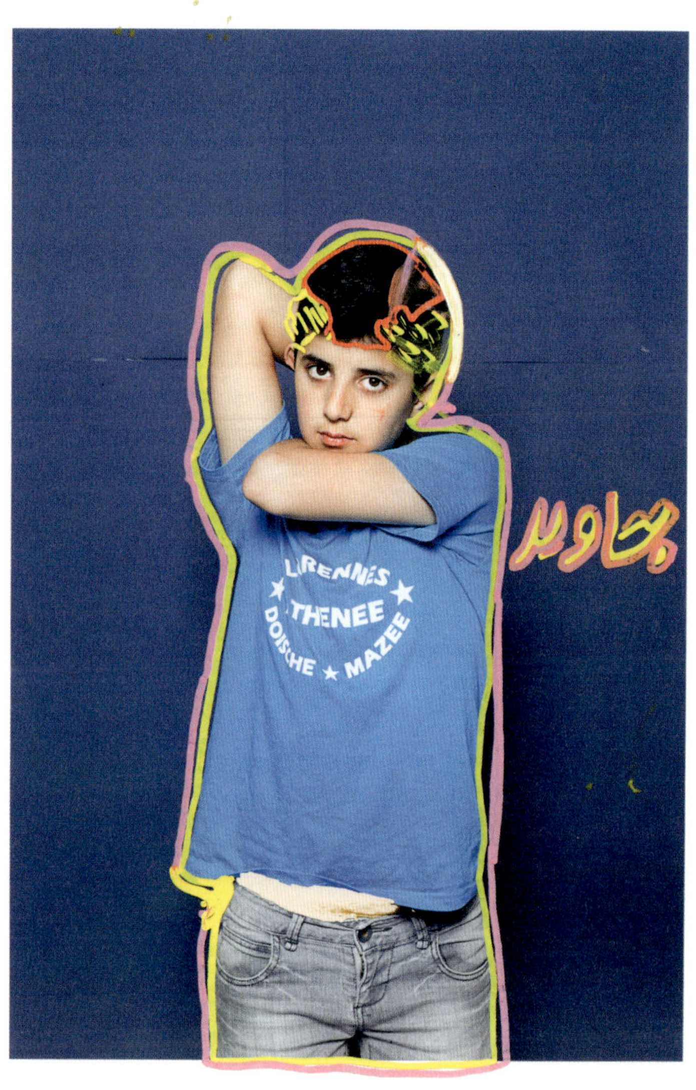
جاوید
THENEE
DOISCHE ★ MAZEE

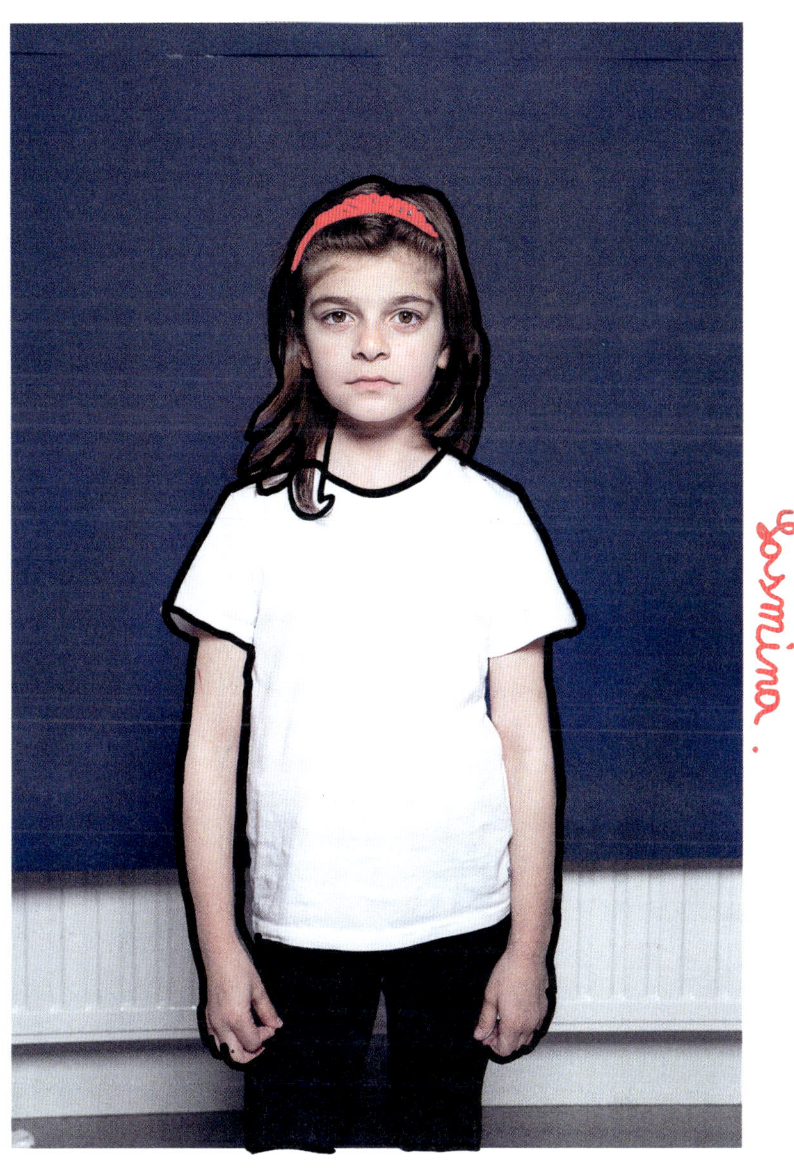

Jasmina.

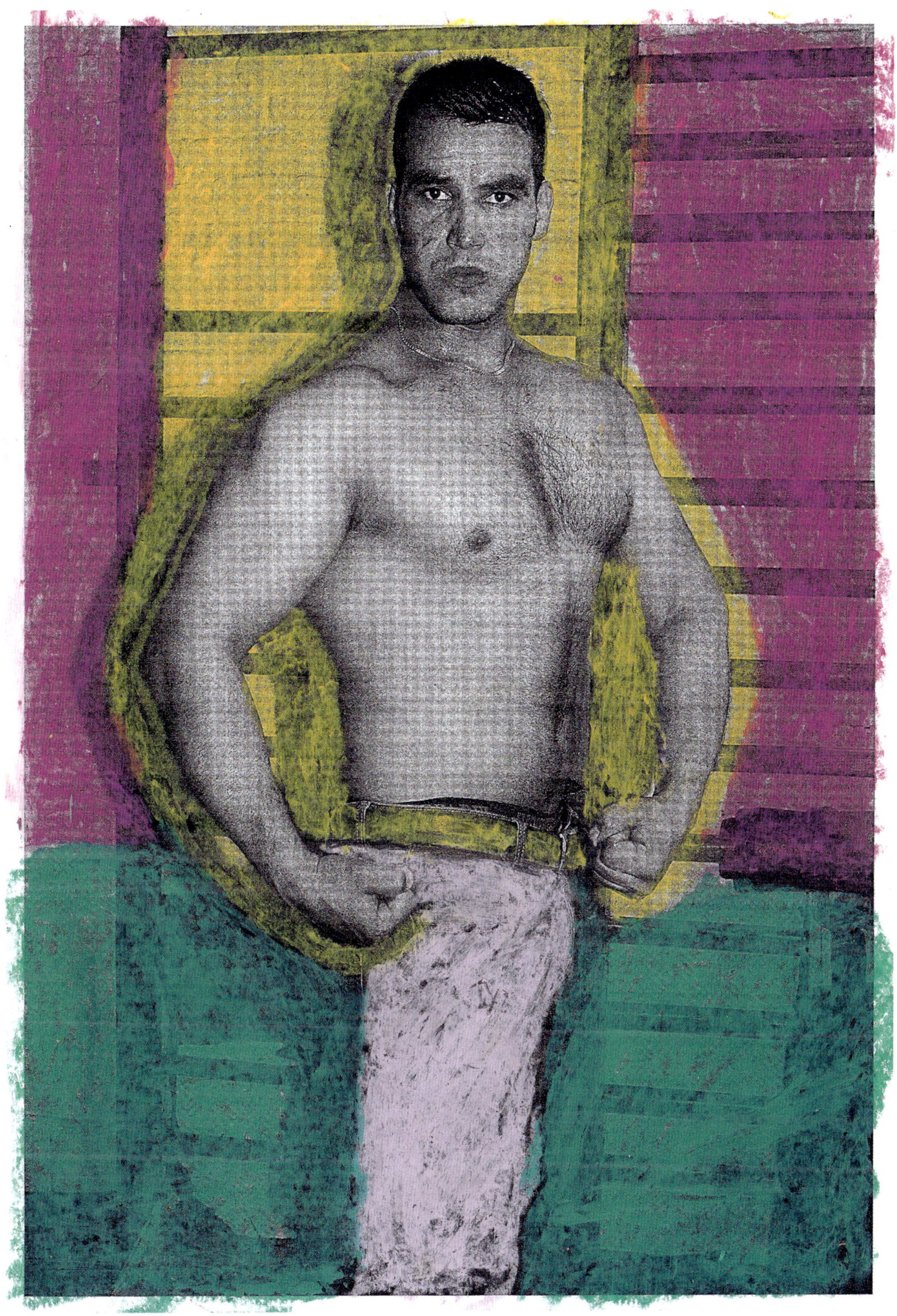

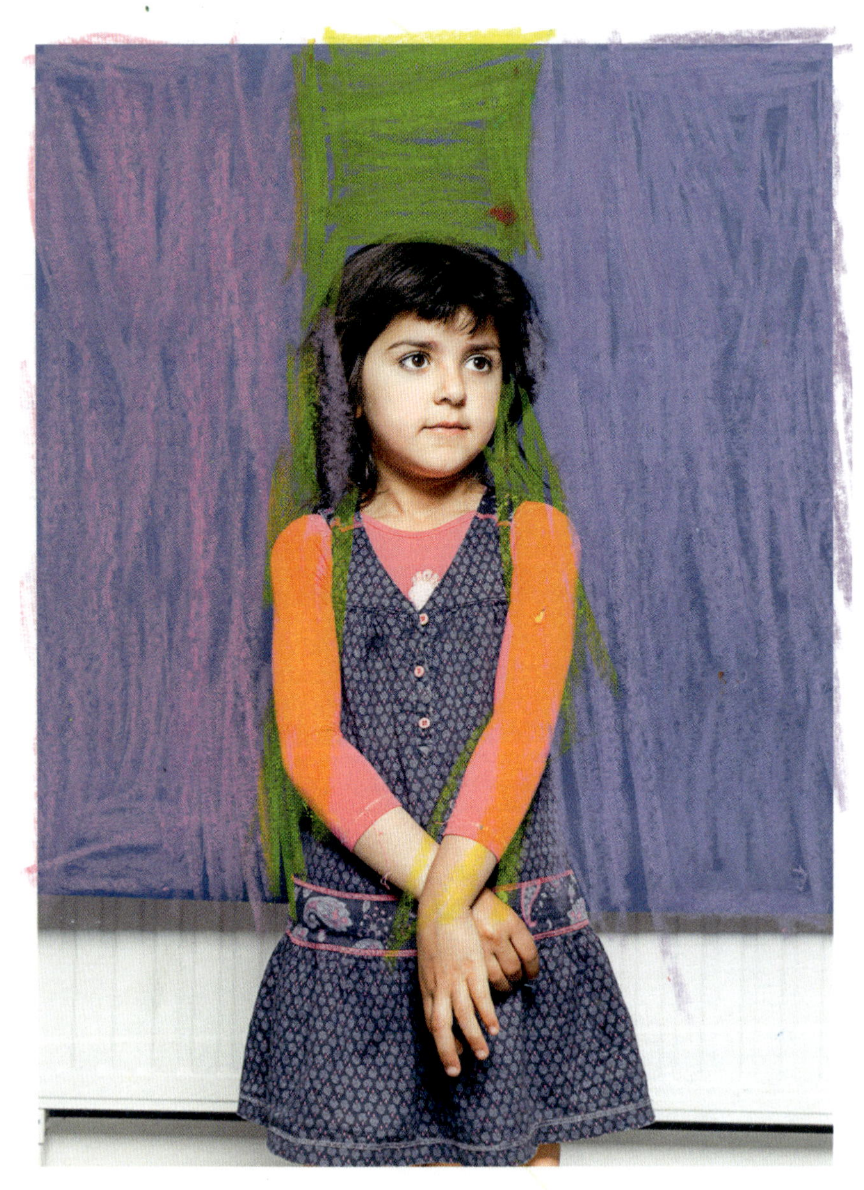

ROYAUME DE BELGIQUE

COMMISSARIAT GÉNÉRAL AUX RÉFUGIÉS ET AUX APATRIDES

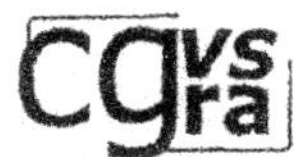

CGRA
WTC II - Bd du Roi Albert II, 26 A
1000 BRUXELLES - Belgique

Tél: 02 205 51 11
Fax: 02 205 51 15
www.cgra.be

QUESTIONNAIRE

1. **Avis préalable**

Ce questionnaire est destiné à faciliter la préparation de votre audition et de l'examen de votre demande d'asile au Commissariat général aux réfugiés et aux apatrides.

- Vous aurez la possibilité (en tant que demandeur d'asile) d'expliquer en détail au Commissariat général aux réfugiés et aux apatrides tous les faits et éléments à l'appui de votre demande.
- Pour remplir ce questionnaire, il vous est seulement demandé (en tant que demandeur d'asile) d'expliquer brièvement mais précisément pour quelle raison vous craignez ou risquez des problèmes en cas de retour et de présenter succinctement les principaux faits ou éléments de votre demande. À ce stade, il ne vous est donc pas demandé de présenter en détail tous les faits ou éléments.

Qu'est-ce que l'on attend de vous (en tant que demandeur d'asile) au cours de la procédure d'asile ?

- Vous devez toujours dire la vérité.
  - Des déclarations fausses ou inexactes peuvent entraîner le refus de votre demande d'asile.
  - N'écoutez pas les personnes qui vous recommandent d'ajouter des faits, d'en inventer ou de les présenter autrement.
- Dans la mesure du possible, vous devez présenter des documents qui prouvent votre identité, votre origine, l'itinéraire que vous avez suivi et les faits que vous invoquez.
  - Vous devez présenter toutes les pièces qui sont en votre possession, vous ne pouvez pas dissimuler de documents.
  - Vous devez, si possible, présenter les documents originaux.
  - Vous devez faire tout votre possible pour obtenir des pièces à l'appui de votre demande d'asile.

2. **Données d'identité**

Numéro de dossier (numéro OE) :
Numéro national :

1. Nom(s) de famille :

2. Prénom(s) :

3. Nationalité(s) :)

3. **La crainte ou le risque en cas de retour**

1. Avez-vous déjà été arrêté(e) ? Avez-vous déjà été incarcéré(e) (tant pour une brève détention – par exemple dans une cellule de bureau de police – que pour une détention plus longue, par exemple dans une prison ou un camp) ? À quel moment ?

Je

2. Avez-vous été condamné(e) par un tribunal ? Quand ? Par quel tribunal ? Ou une procédure judiciaire est-elle en cours contre vous ? Depuis quand ? Devant quel tribunal ? Le cas échéant, à quelle peine avez-vous été condamné(e) ?

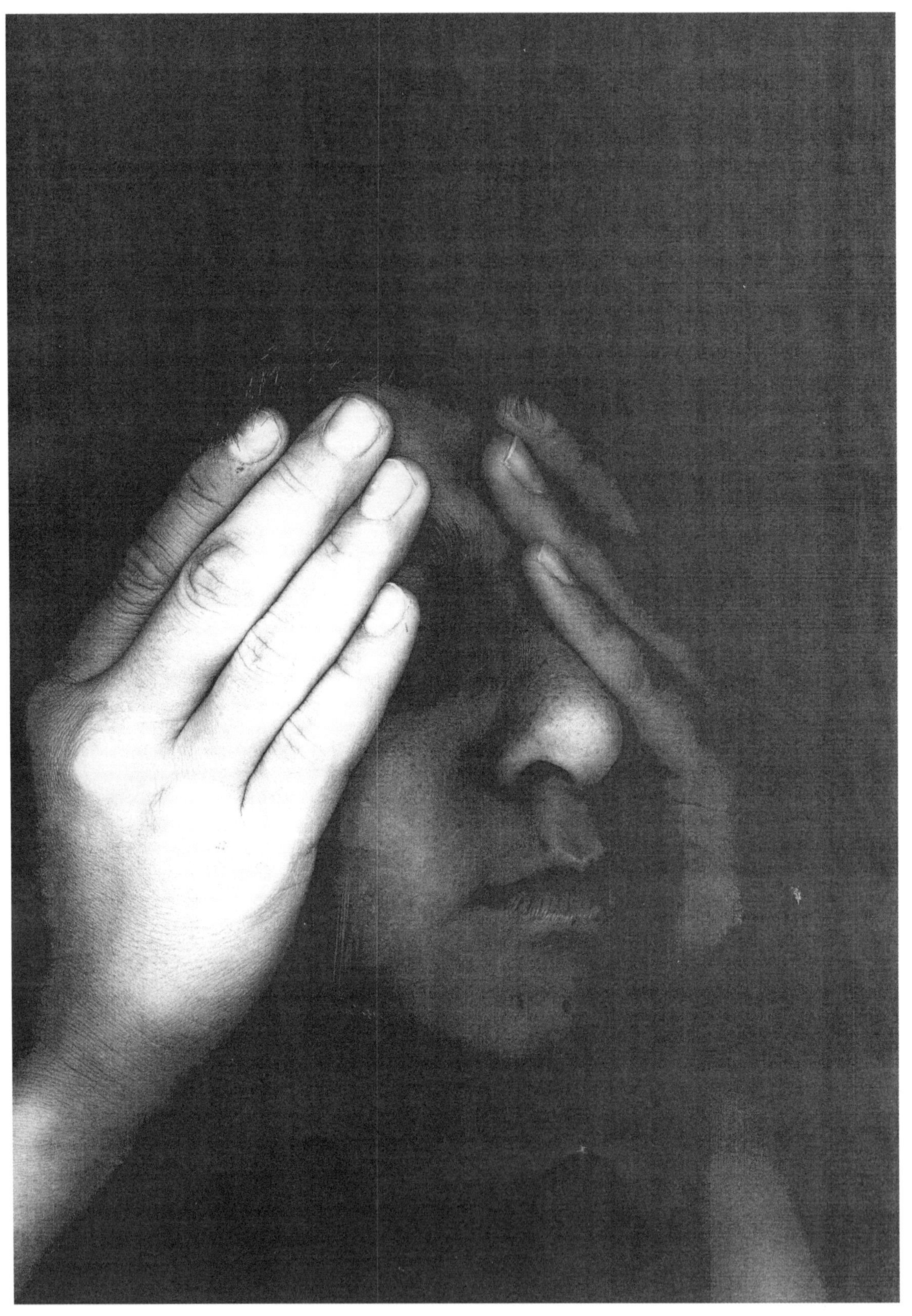

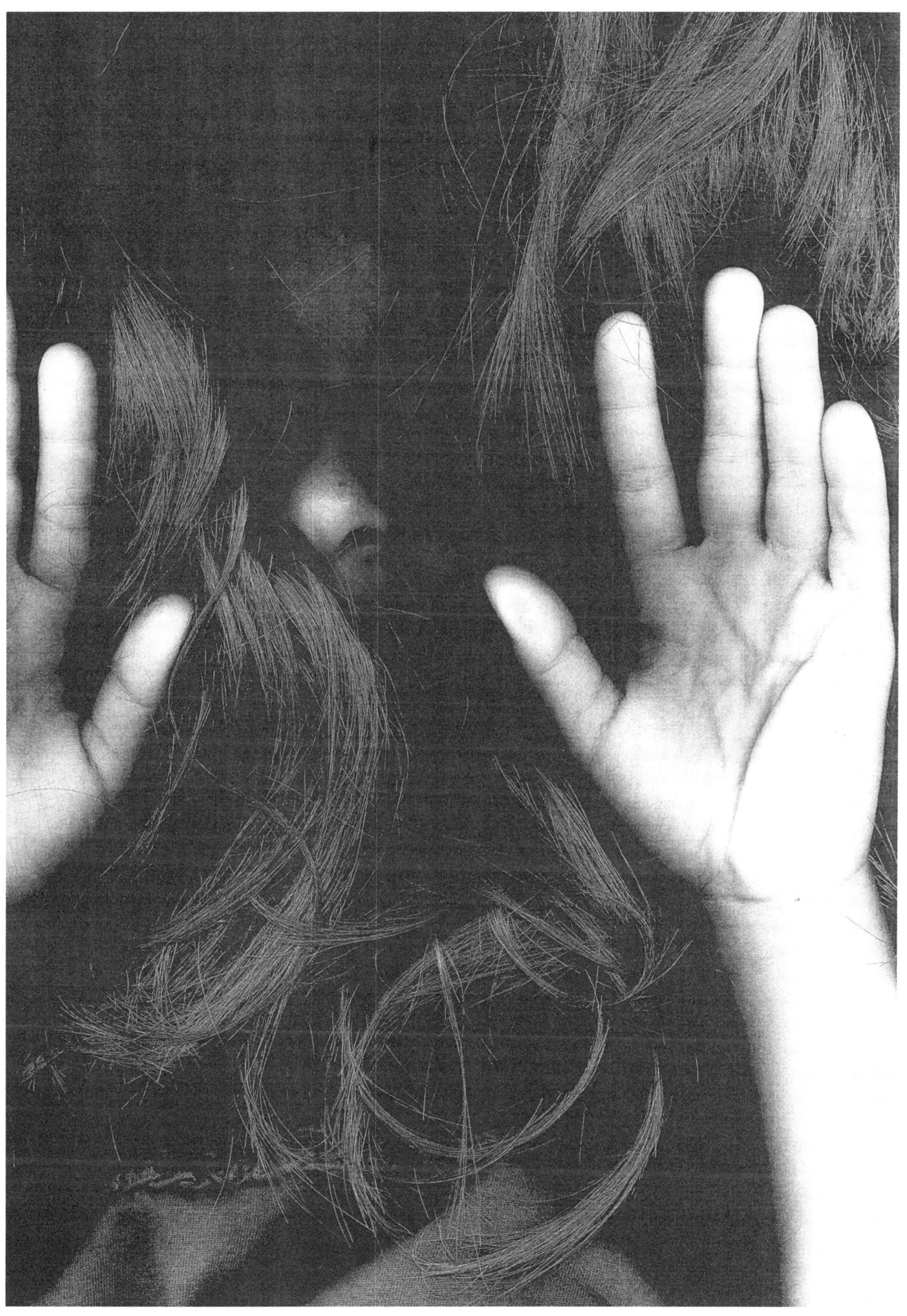

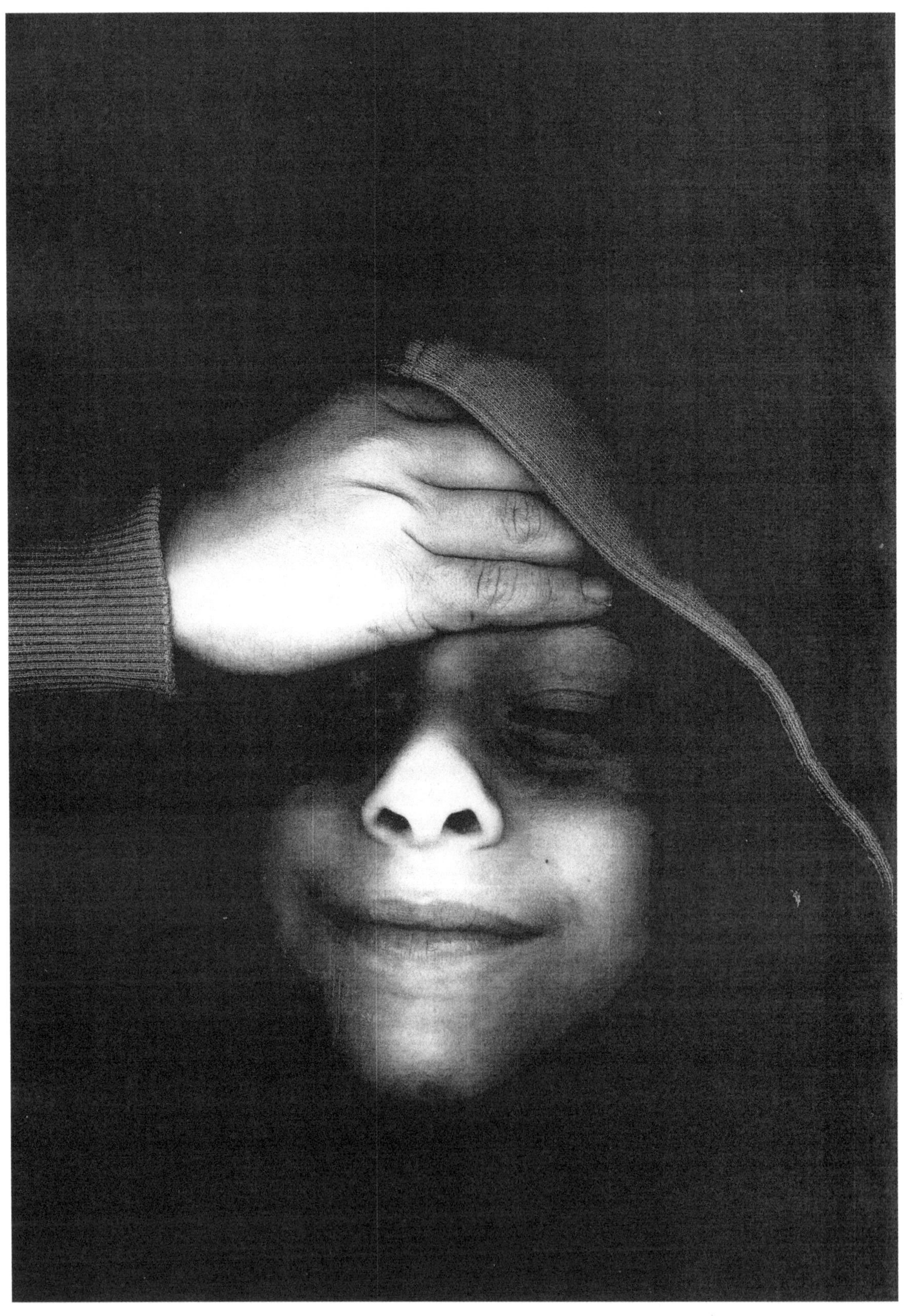

3. Avez-vous été actif dans une organisation (ou une association, un parti)? De quelle organisation s'agit-il ? Quelle est la nature de cette organisation, ou quel est son but ? Quelle était votre fonction et quelles étaient vos activités ? À quelle époque avez-vous eu ces activités ? Quel est le lien avec la crainte ou le risque en cas de retour ?

. ***Quelle est en est la signification ?***

Quel est le but du parti

Quel est le lien avec le risque en cas de retour au pays ? On va me faire du mal. ***Pouvez-vous expliciter ?***

4. Que craignez-vous en cas de retour dans votre pays d'origine ? Que pensez-vous qu'il pourrait vous arriver si vous y retourniez ?

5. Pourquoi pensez-vous cela ? Présentez brièvement tous les faits qui ont entraîné votre fuite de votre pays d'origine.

6. Connaissez-vous des compatriotes qui séjournent en Belgique ou dans un autre État de l'Union européenne ? Citez leurs noms et, si possible, leur statut de séjour et leur lieu de séjour. Quel est votre lien avec ces personnes (membres de la famille, amis, ...) ? (Les membres de la famille qui sont déjà enregistrés dans la 'Déclaration OE' ne doivent plus être mentionnés ici.)

7. Pour la suite de la procédure, préférez-vous être entendu(e) par un agent masculin ou féminin et assisté(e) par un interprète masculin ou féminin ? En cas de préférence, pourquoi ?

8. Avez-vous d'autres remarques à formuler ? (Si vous souhaitez encore déclarer quelque chose, vous pouvez le faire ici.)

9. *Vous avez exposé vos problèmes. Outre ces problèmes que vous avez invoqués, avez-vous eu d'autres problèmes avec :*
   a) les autorités de votre pays ?
   b) des concitoyens ?
   c) des problèmes de nature générale ?

10. *Avez-vous encore quelque chose à ajouter ?*

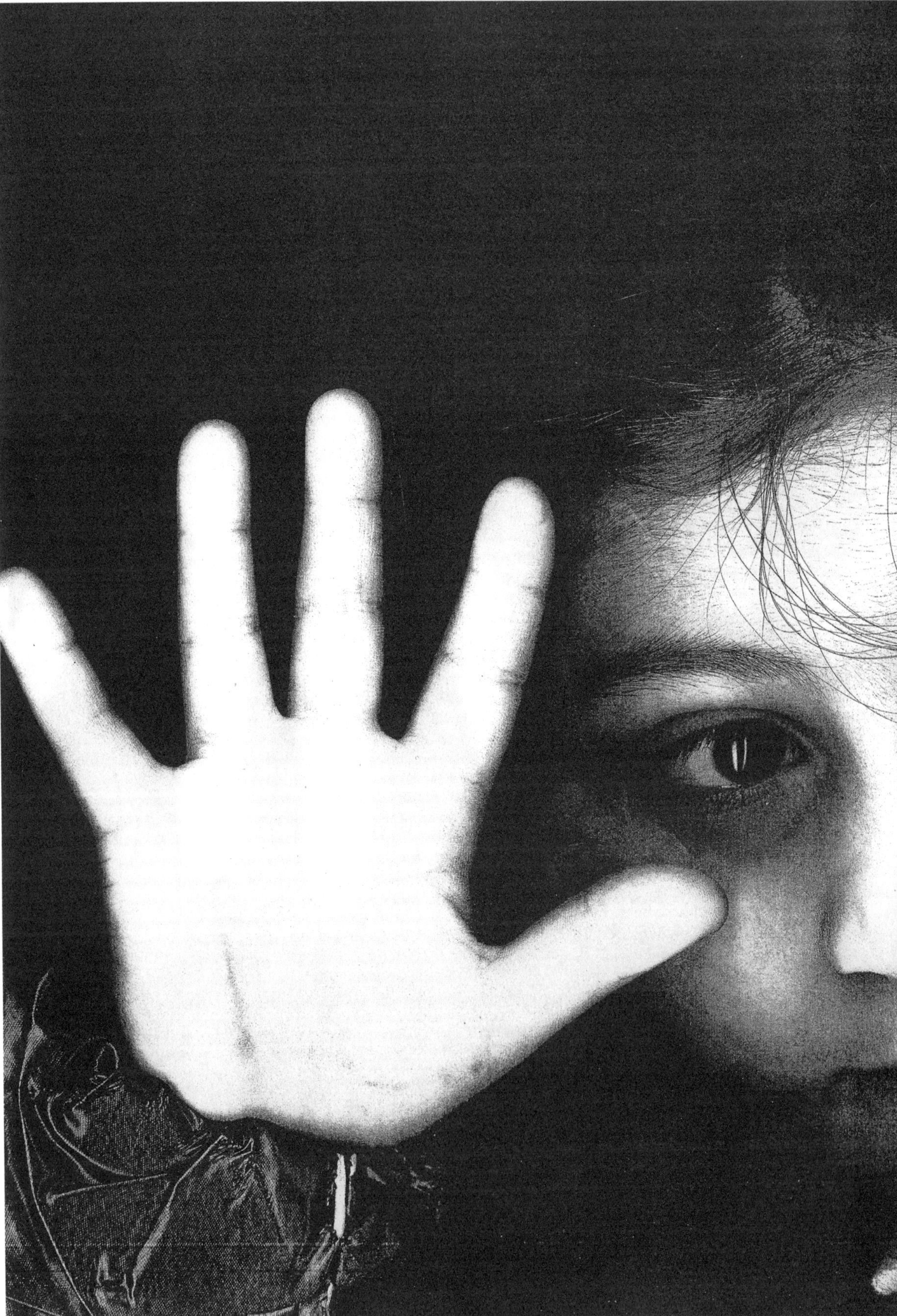

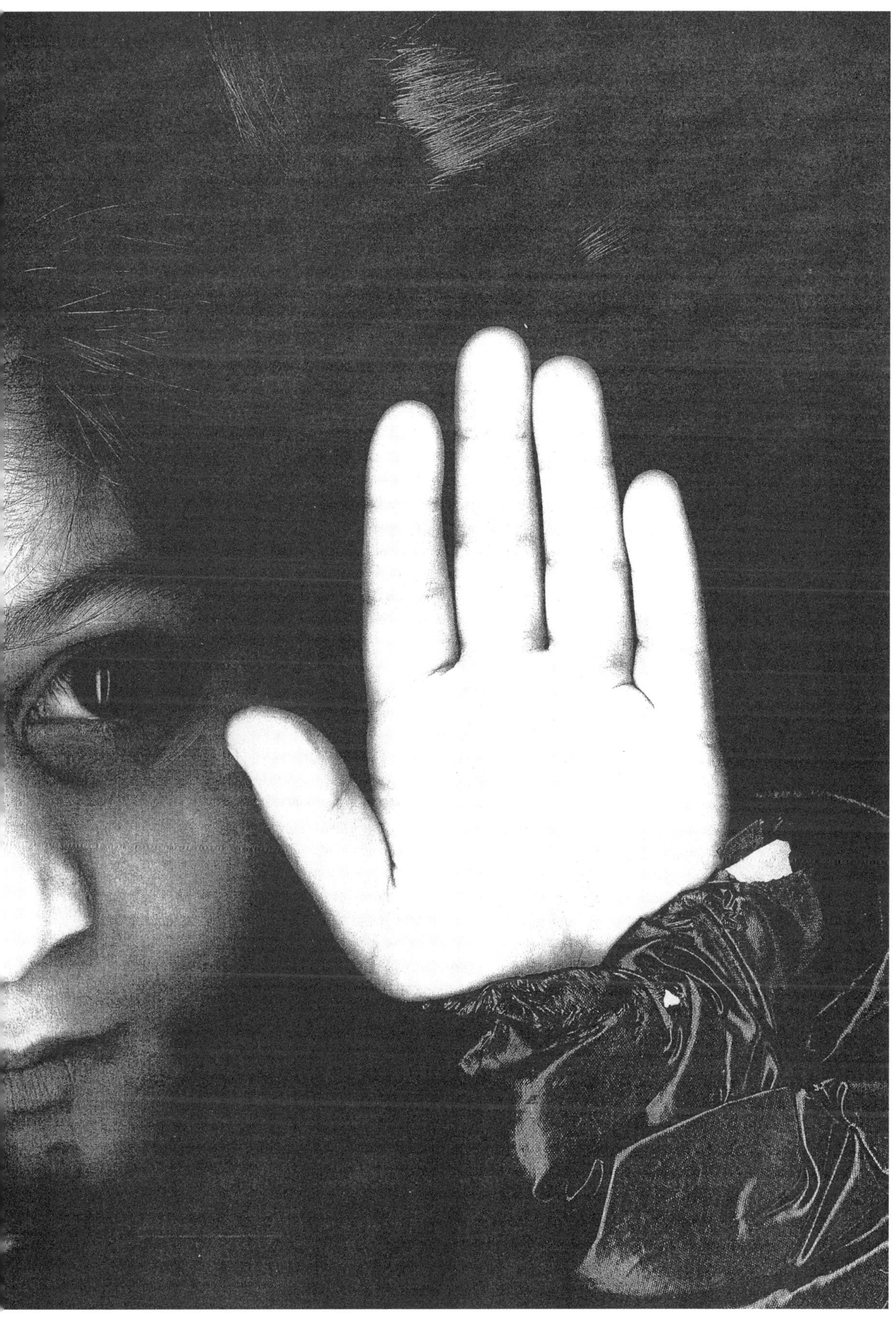

- Par la présente, je confirme formellement que toutes les déclarations susmentionnées sont exactes et conformes à la réalité.
- Je sais que des déclarations fausses ou inexactes peuvent entraîner le refus de ma demande d'asile.
- Je sais que je dois communiquer au Commissariat général toute modification dans ma demande d'asile.

Le compte rendu a été lu en

(signature et numéro de l'interprète)
145

Fait à Bruxelles, le 02.09.2013

(signature et initiales de l'agent)
SBO

Signature du demandeur d'asile

Tout changement d'adresse doit être communiqué à l'Office des étrangers (WTC II, Chaussée d'Anvers, 59 B, 1000 Bruxelles) et au Commissariat général aux réfugiés et aux apatrides (WTC II, Boulevard du Roi Albert II, 26 A, 1000 Bruxelles) par courrier recommandé. Il ne suffit pas de communiquer le changement d'adresse à votre commune, au CPAS ou au Centre d'accueil.

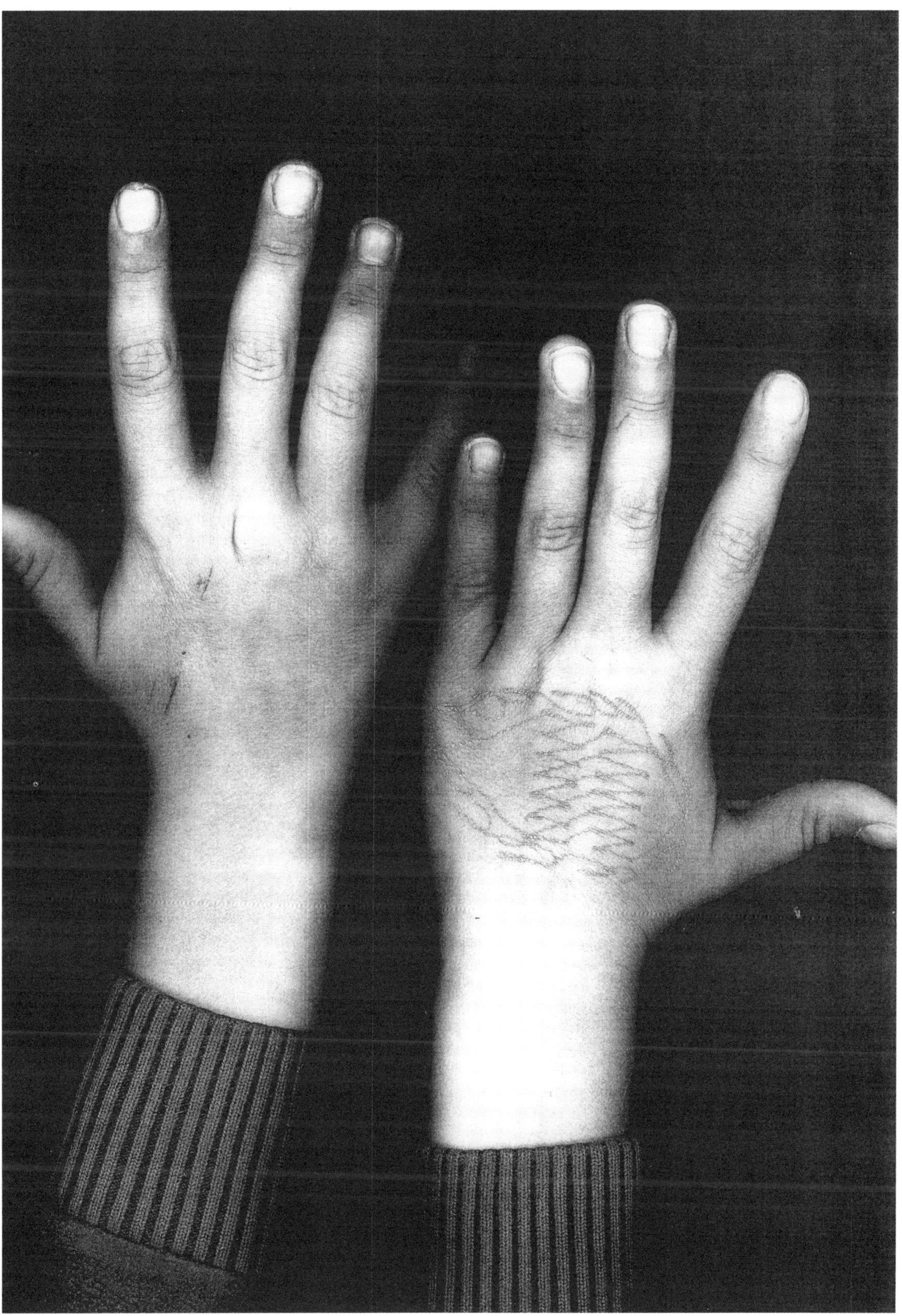

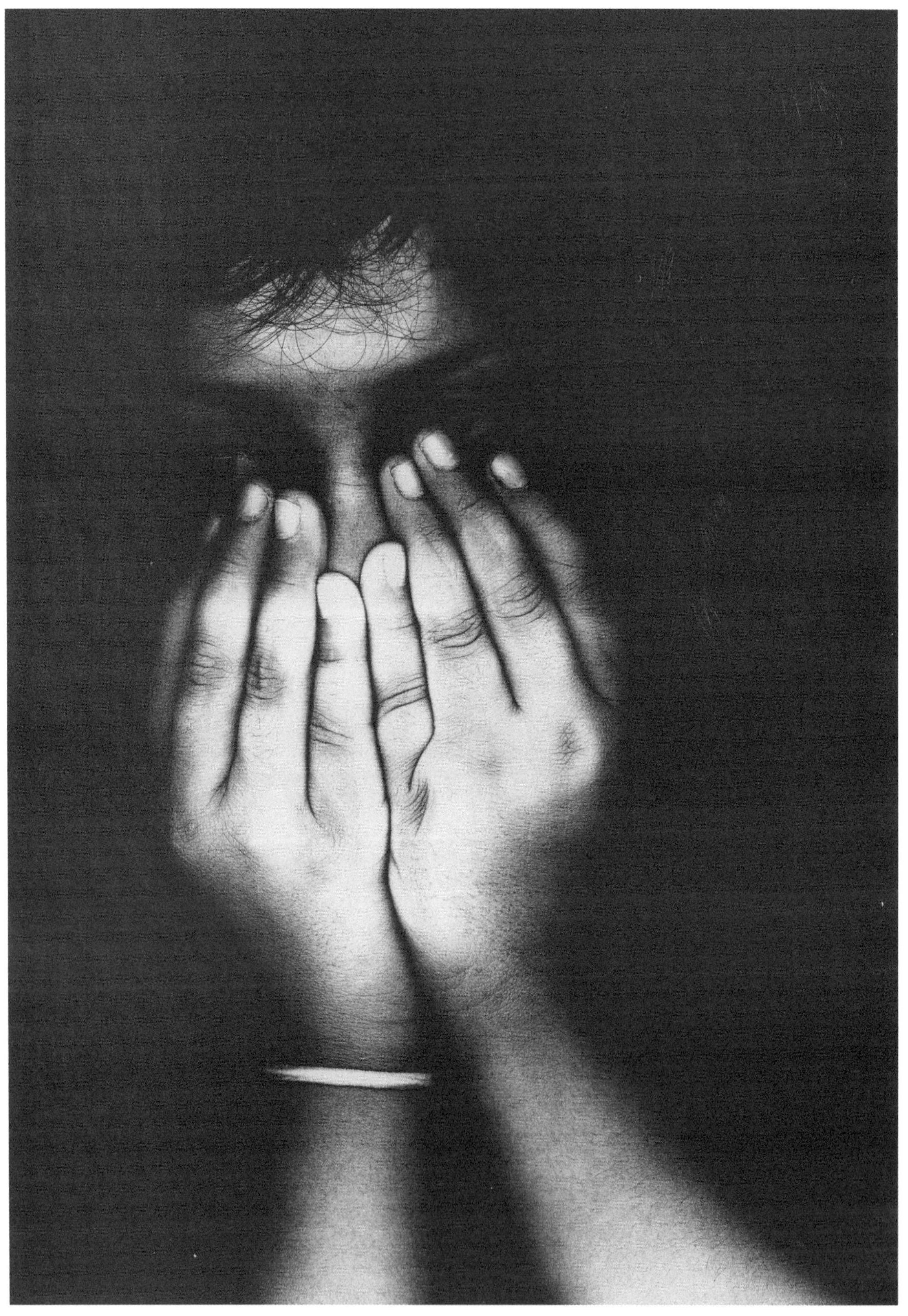

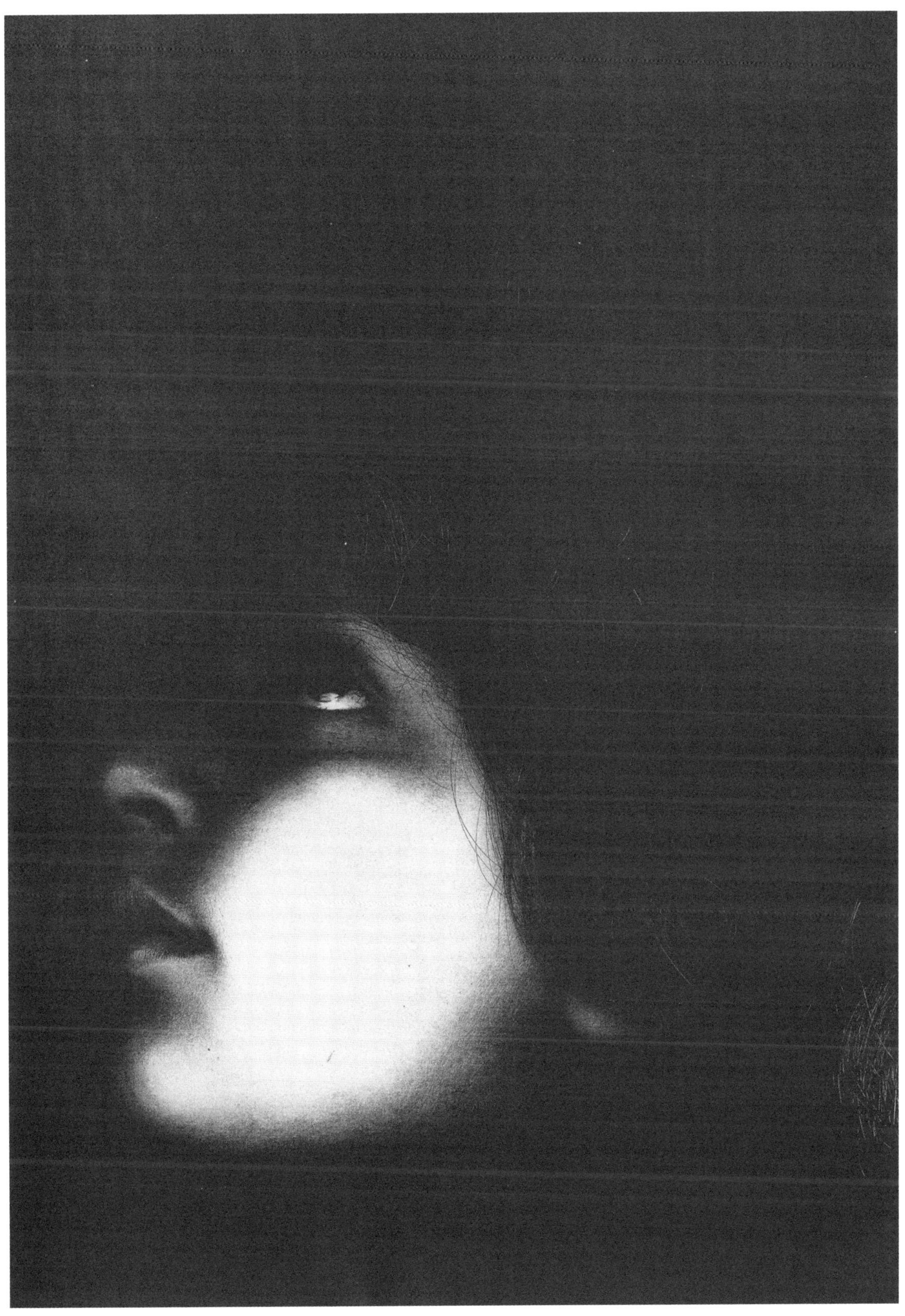

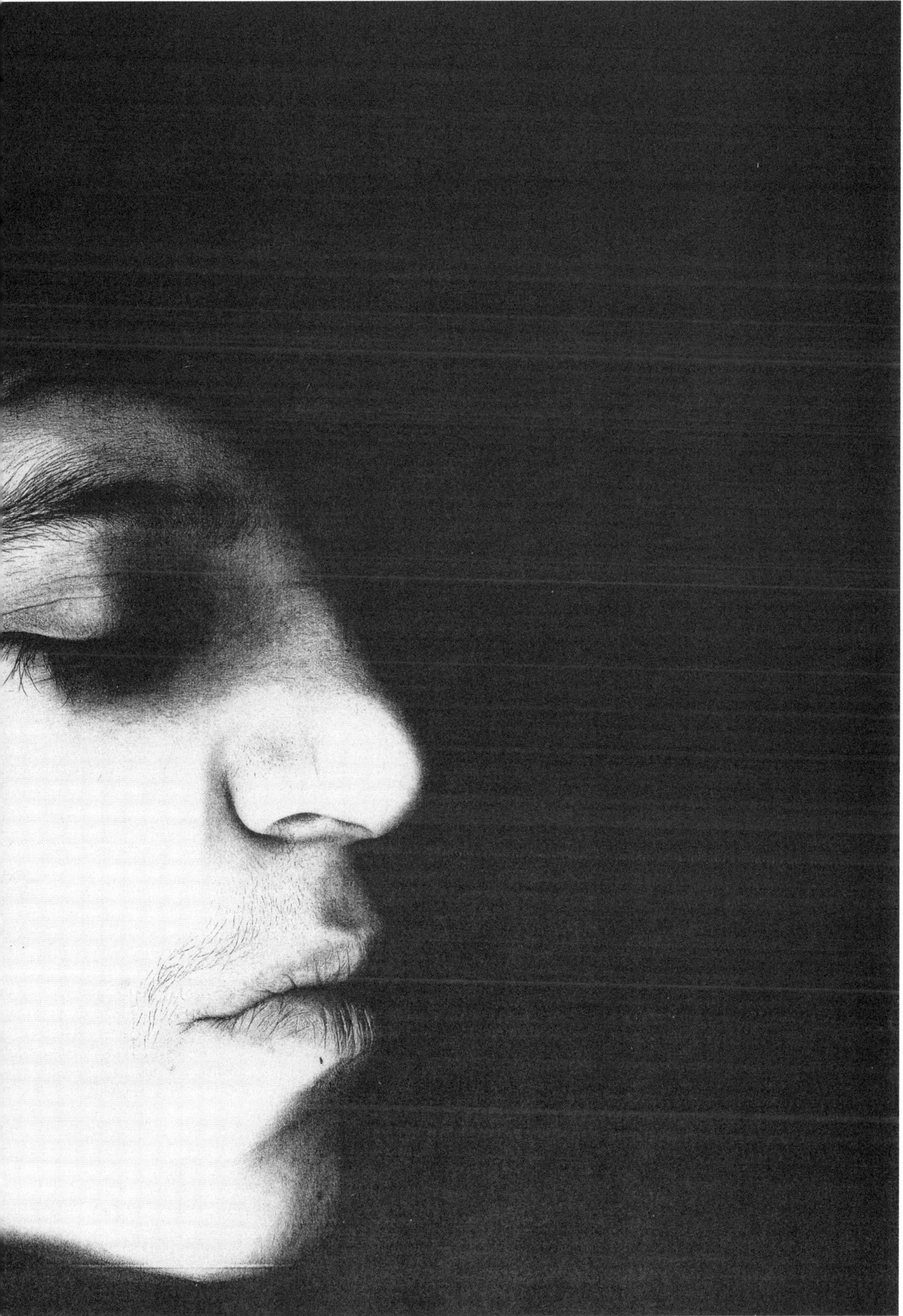

☐ **NON** : peux-tu expliquer pourquoi tu n'as pas de documents d'identité ou de voyage avec toi ?

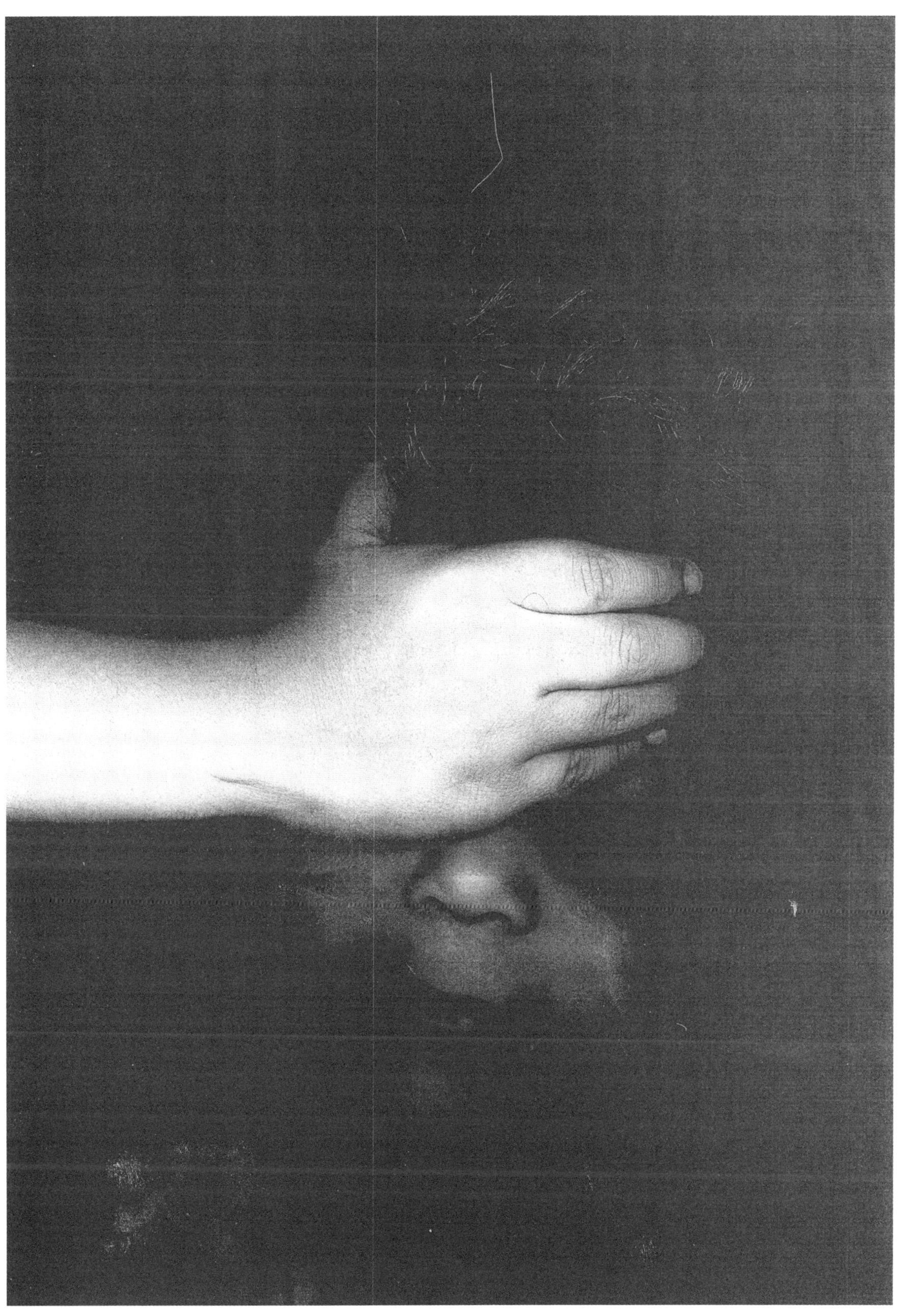

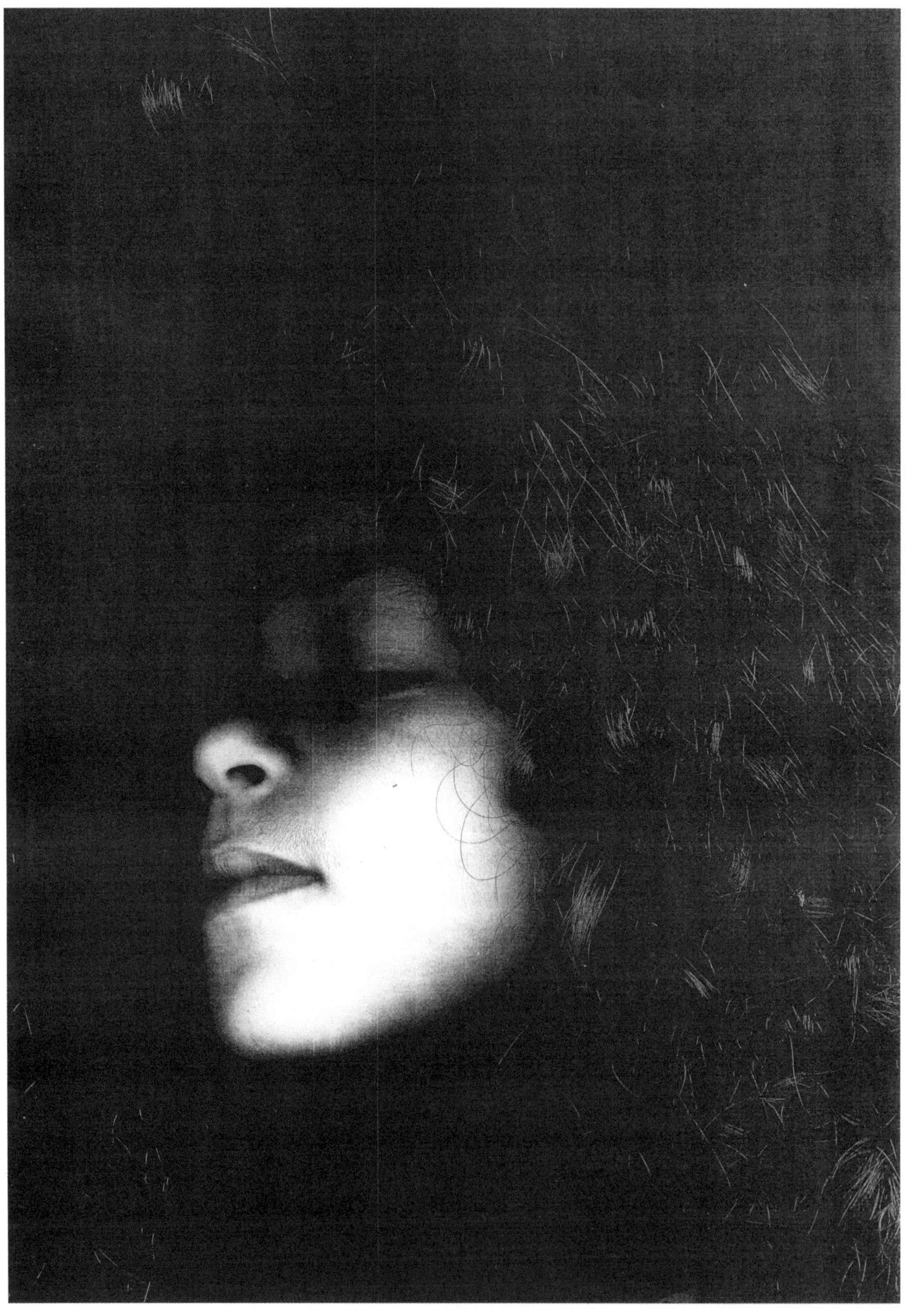

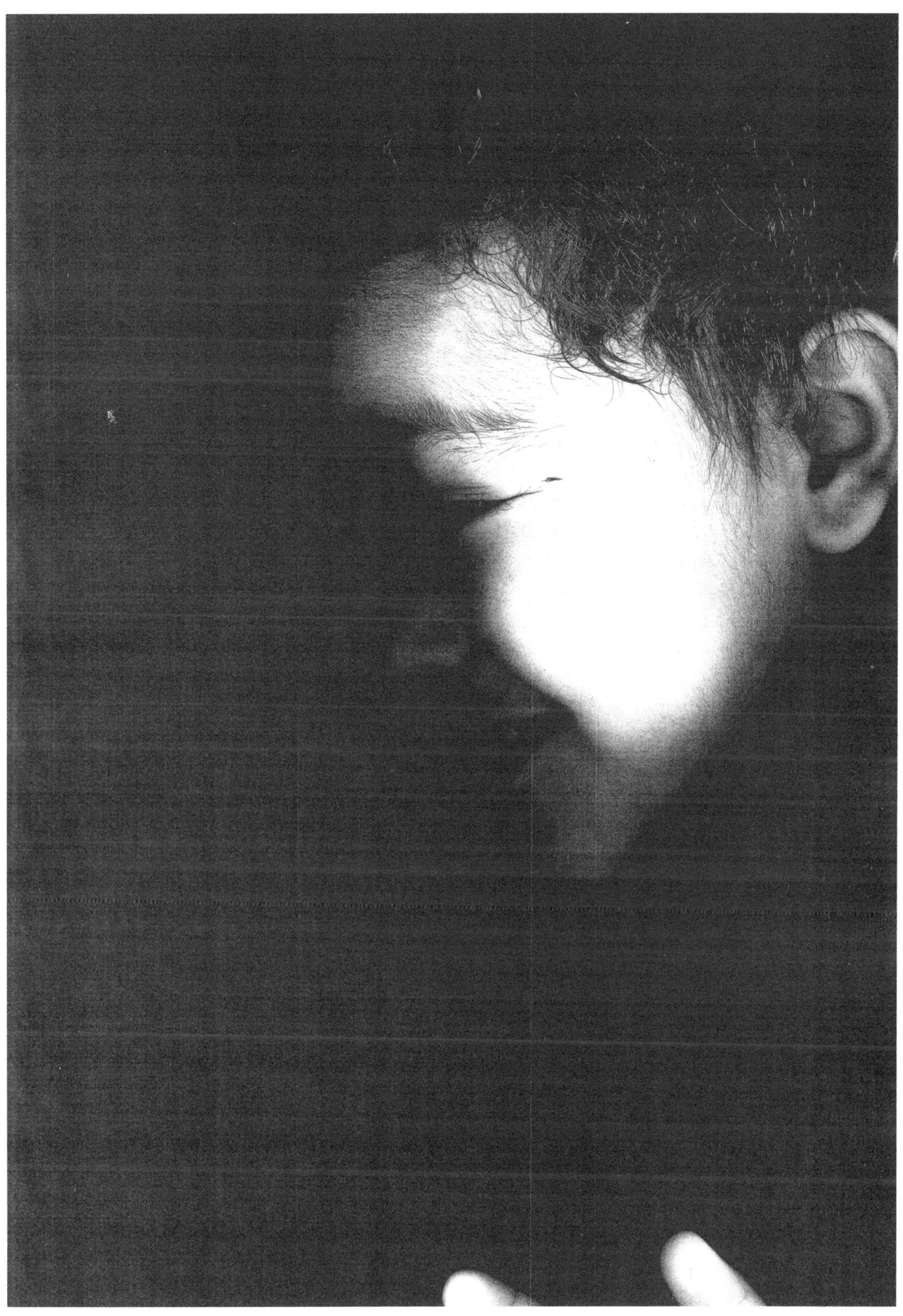

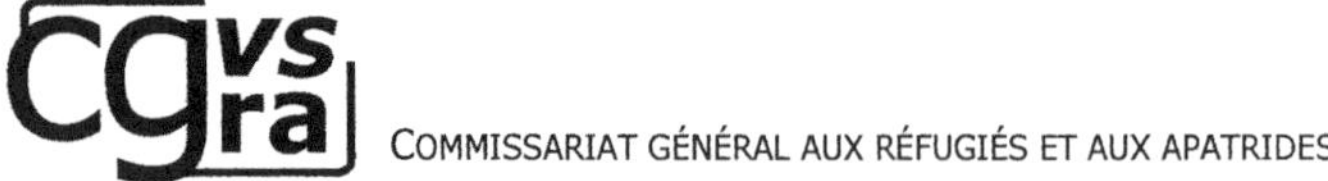

DEMANDE : CERTIFICAT OU ATTESTATION DE RÉFUGIÉ

Numéro du dossier CGRA :

Numéro S.P. :

Renvoyez ce formulaire dûment complété, daté et signé au CGRA :

Par la poste Commissariat général aux réfugiés et aux apatrides
Helpdesk réfugiés reconnus et apatrides
Boulevard du Roi Albert II, n° 26A
1000 Bruxelles

Par fax 02 205 52 01

Par e-mail CGRA-CGVS.Documents@ibz.fgov.be

Le Helpdesk réfugiés reconnus et apatrides est ouvert de 8h30 à 10h.

Le soussigné :

Nom, prénom : ....

Lieu et date de naissance : ....

Adresse : ....

Téléphone : ....

Demande :

- ☐ une attestation de réfugié
- ☐ un certificat de naissance
- ☐ un certificat de mariage
- ☐ un autre document : ....

Pour :

- ☐ lui-même/elle-même
- ☐ les enfants mineurs suivants :

  Nom, prénom

  Numéro national

WTC II, bd du Roi Albert II, 26 A, 1000 BRUXELLES T 02 205 51 11 F 02 205 51 15 cgra.info@ibz.fgov.be

www.cgra.be

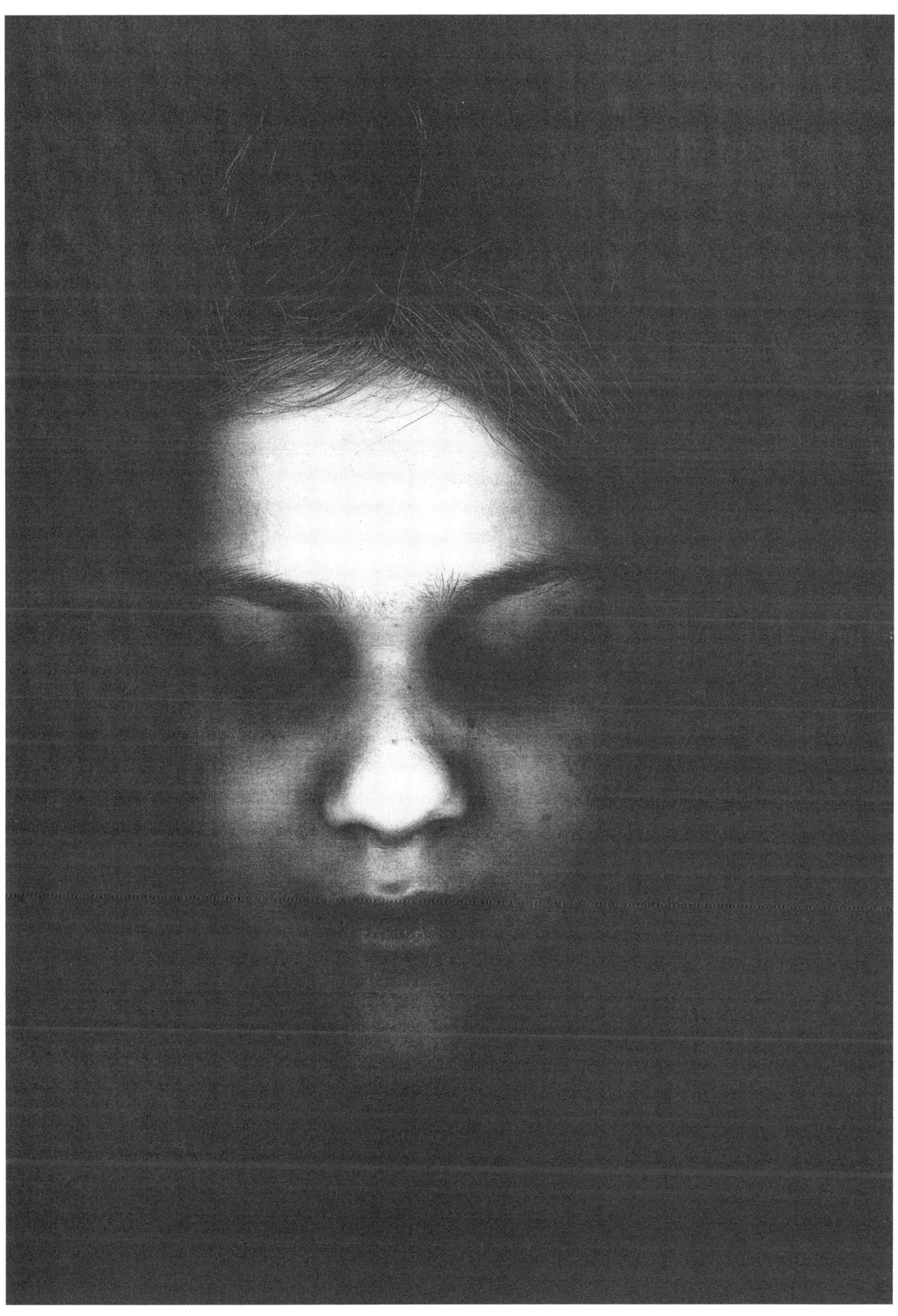

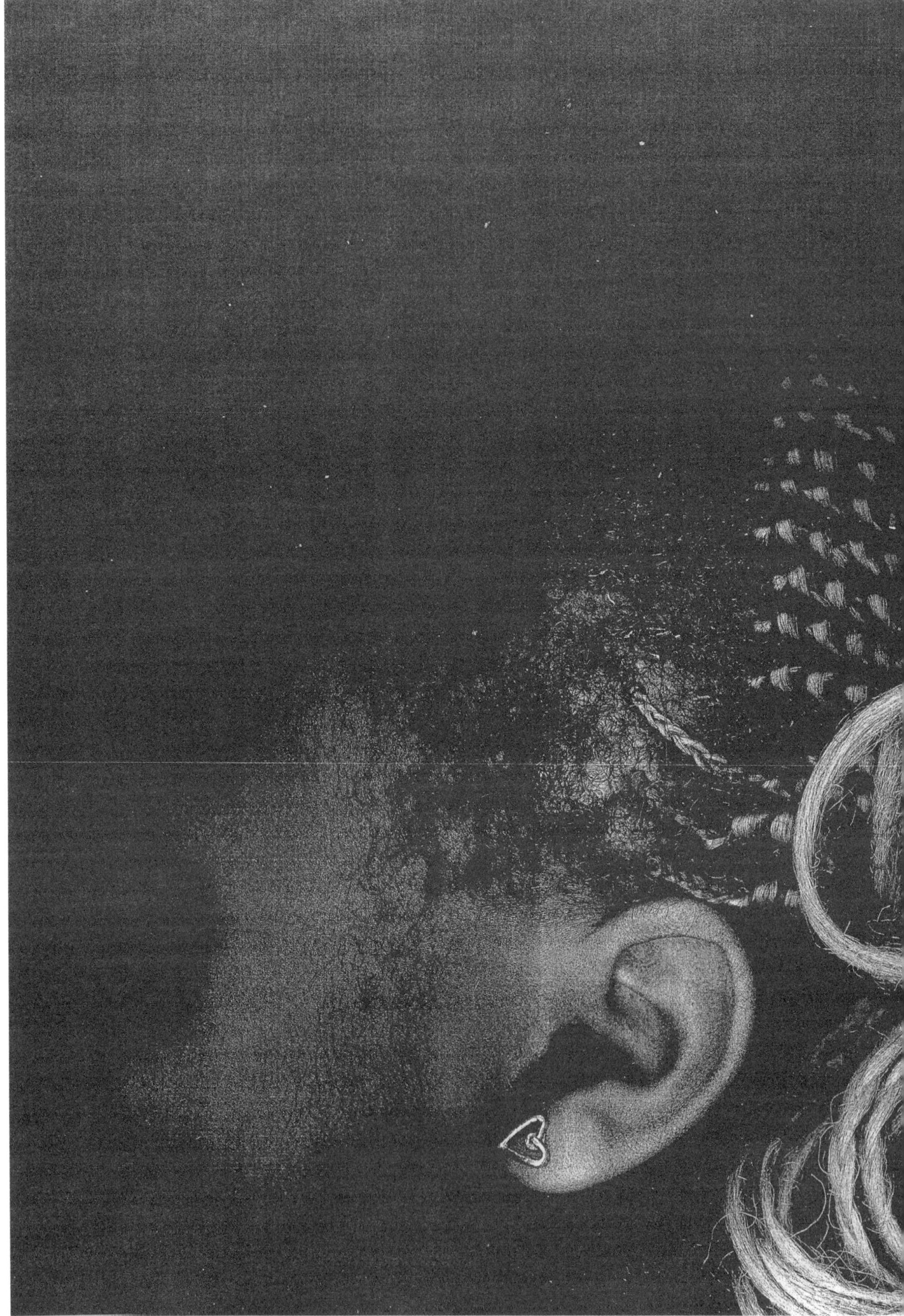

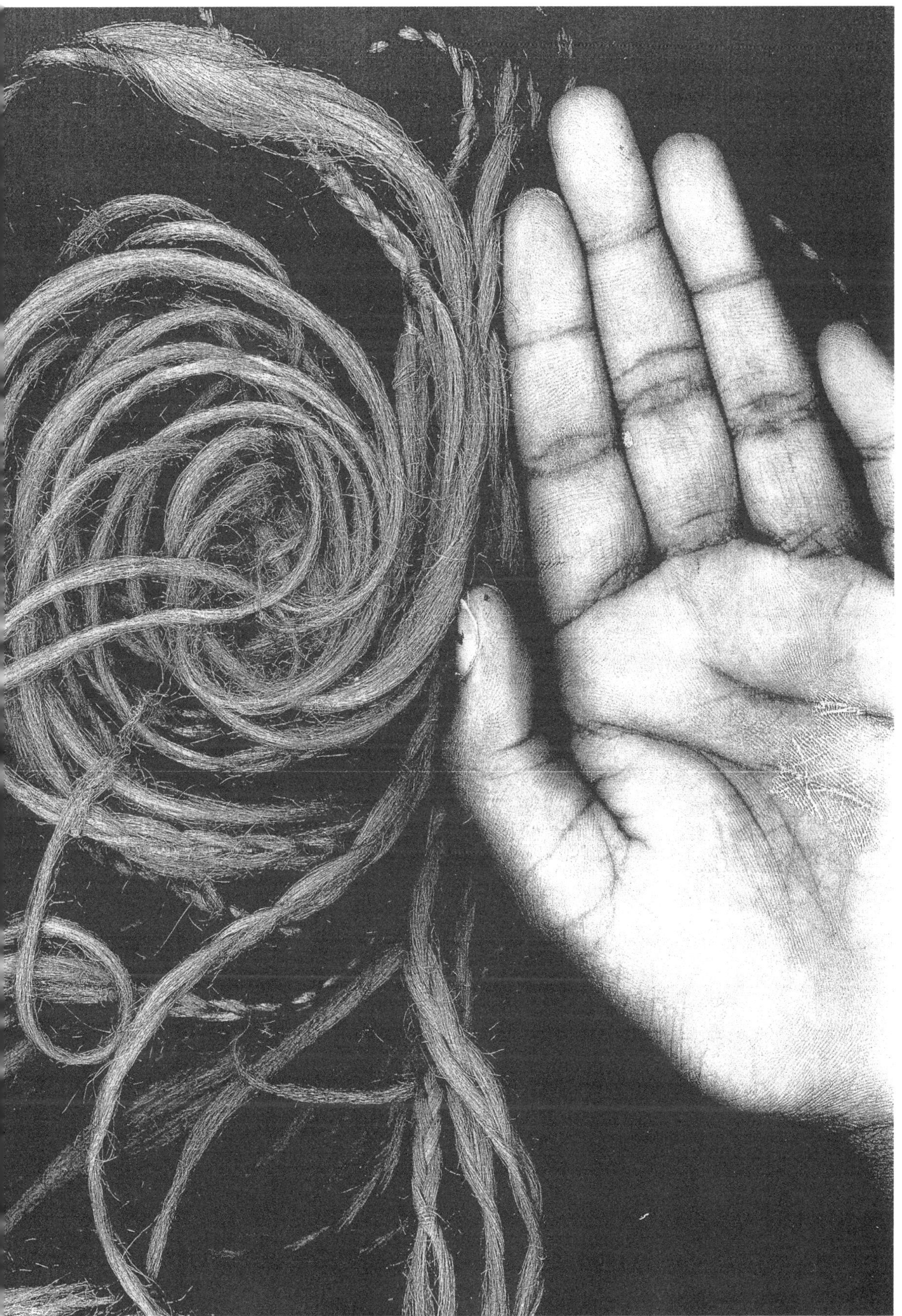

Cocher les pièces dont vous souhaitez obtenir copie :

- ☐ Annexe 26
- ☐ Déclaration faite à l'Office des étrangers (OE)
- ☐ Questionnaire du CGRA
- ☐ Rapport d'audition du CGRA
- ☐ Décision du commissaire général
- ☐ Pièces jointes au dossier par le CGRA pour étayer sa décision
- ☐ Autres documents administratifs :

....

....

....

Date :

....

Signature du demandeur :

....

WTC II, bd du Roi Albert II, 26 A, 1000 BRUSSELS T 02 205 51 11 F 02 205 51 15 cgvs.info@ibz.fgov.be
www.cgrs.be .be

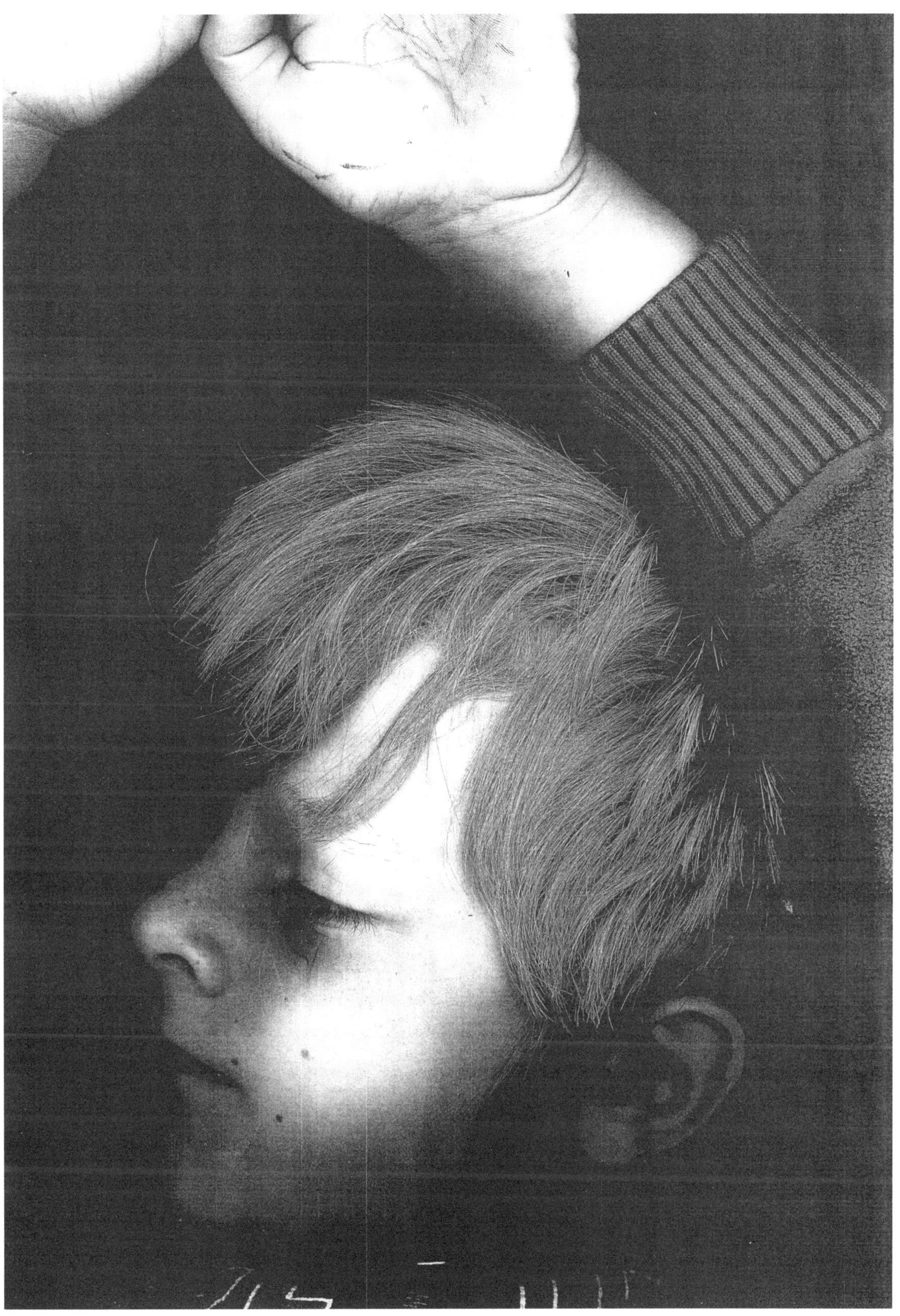

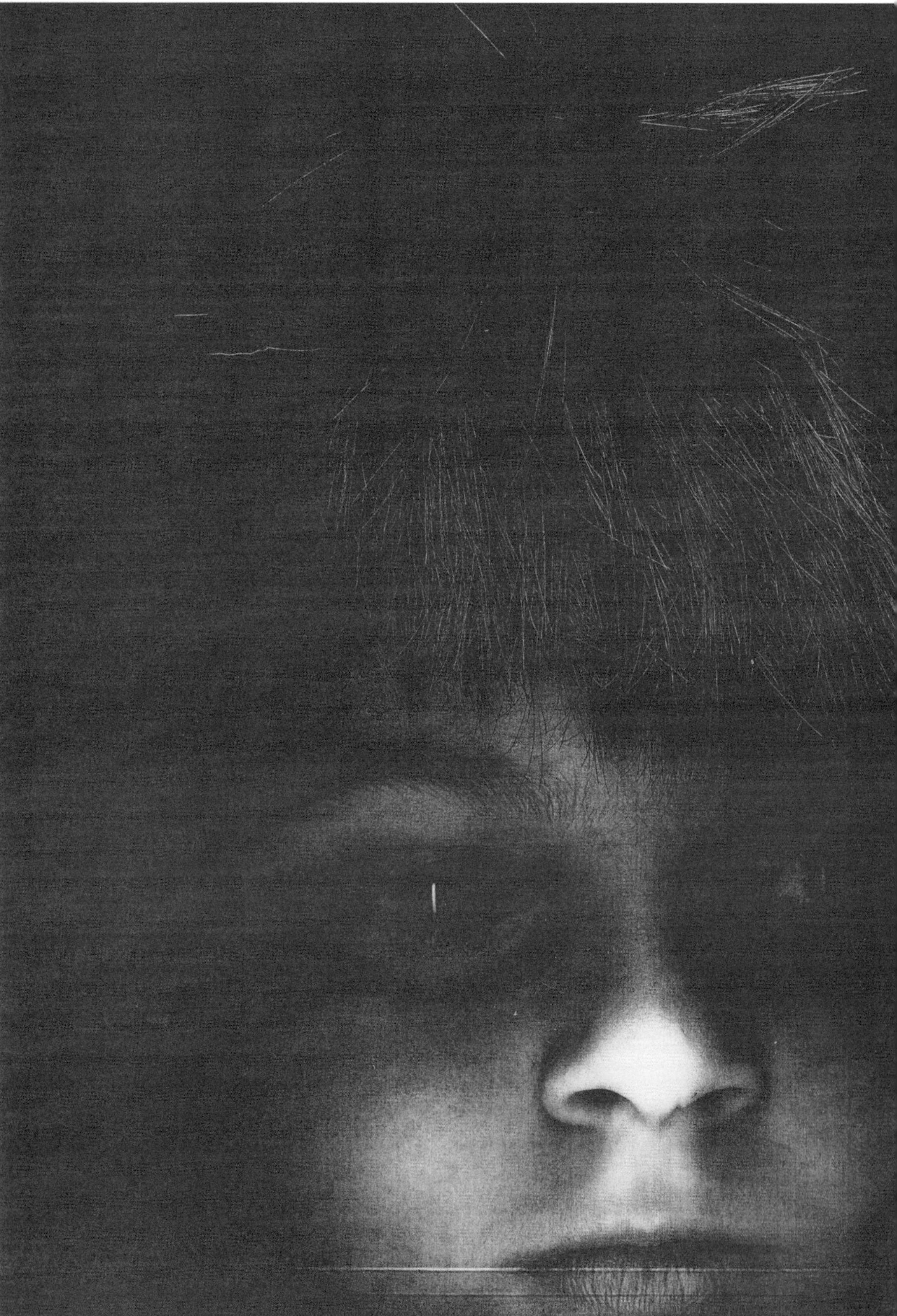

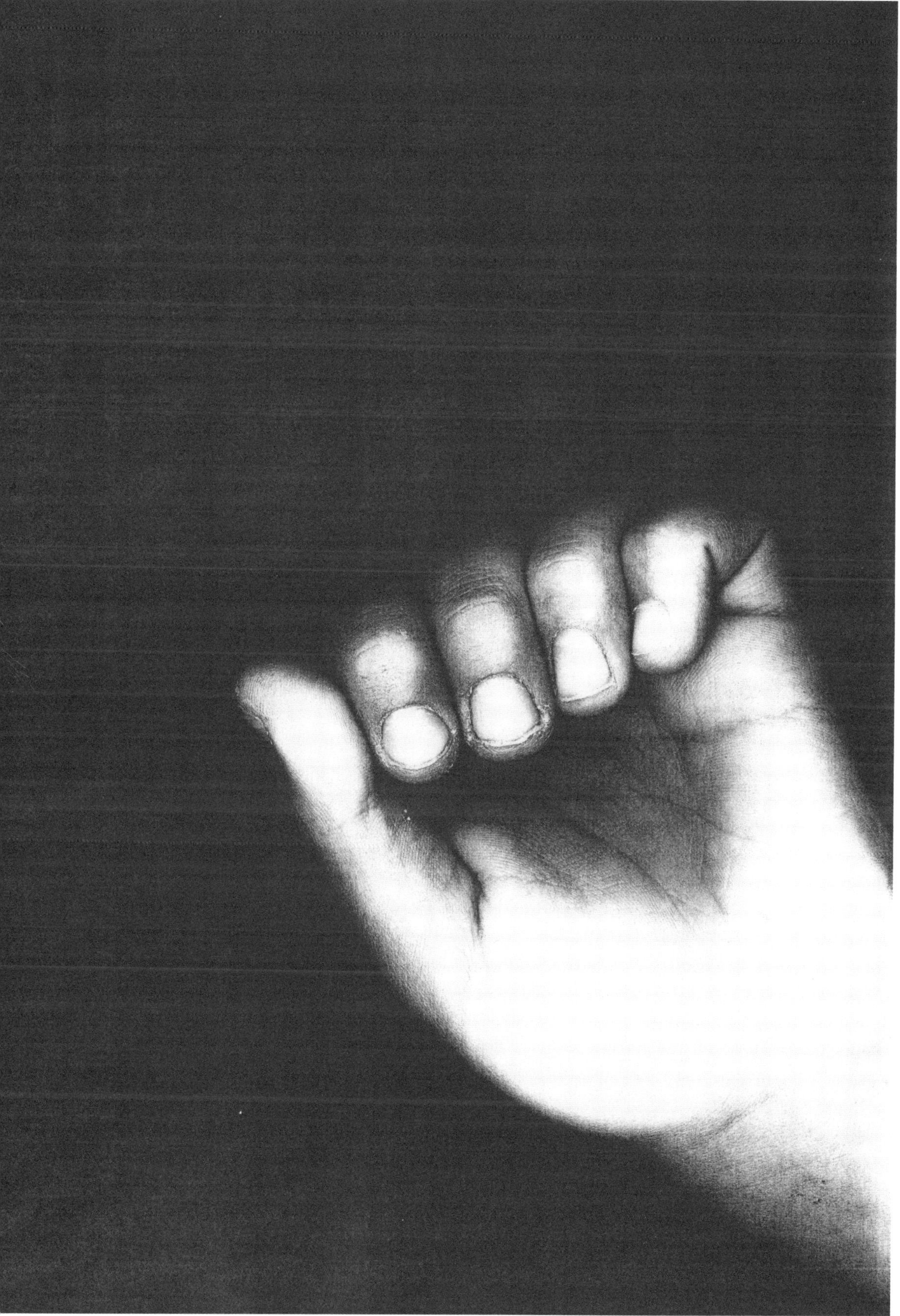

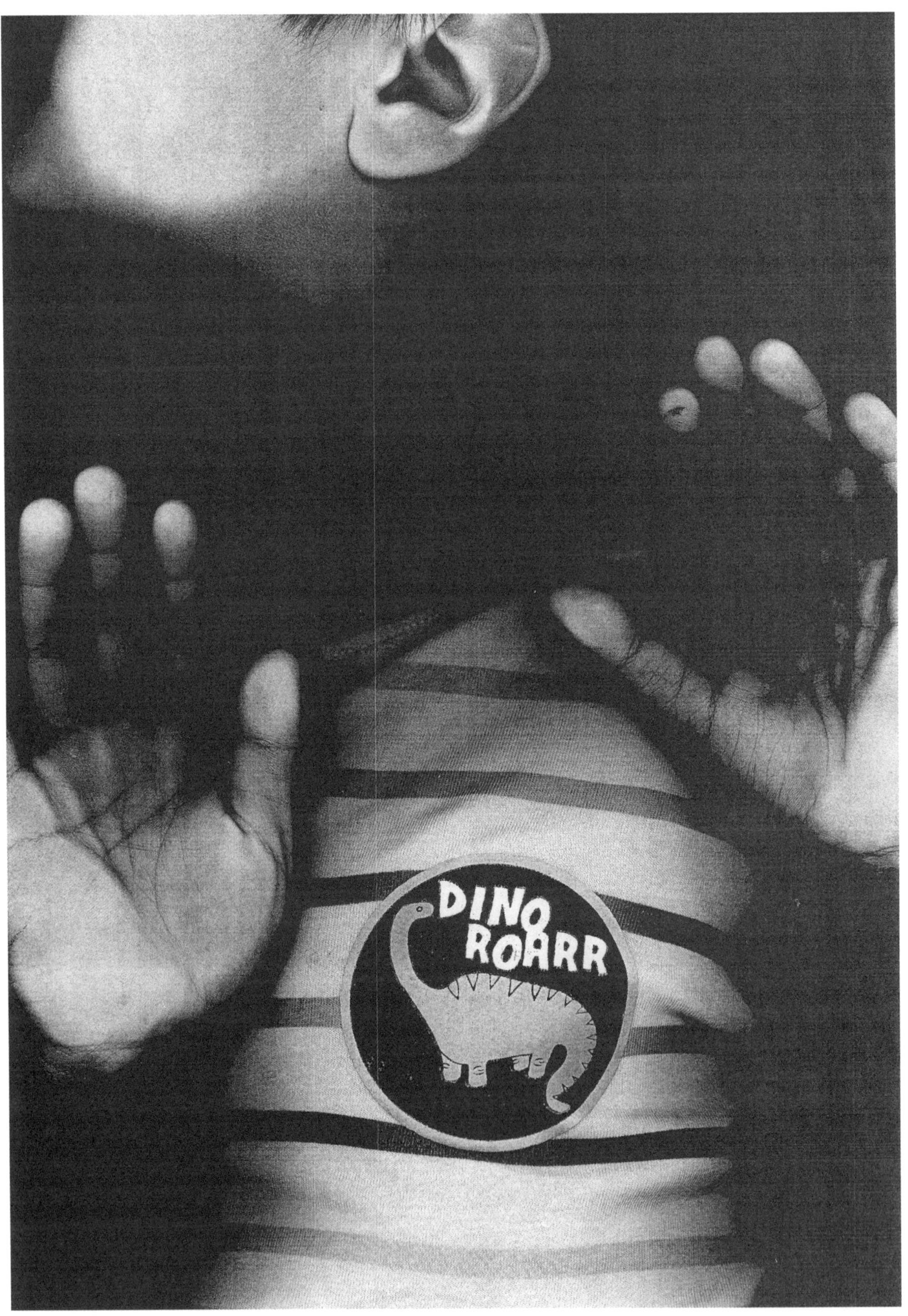
DINO
ROARR

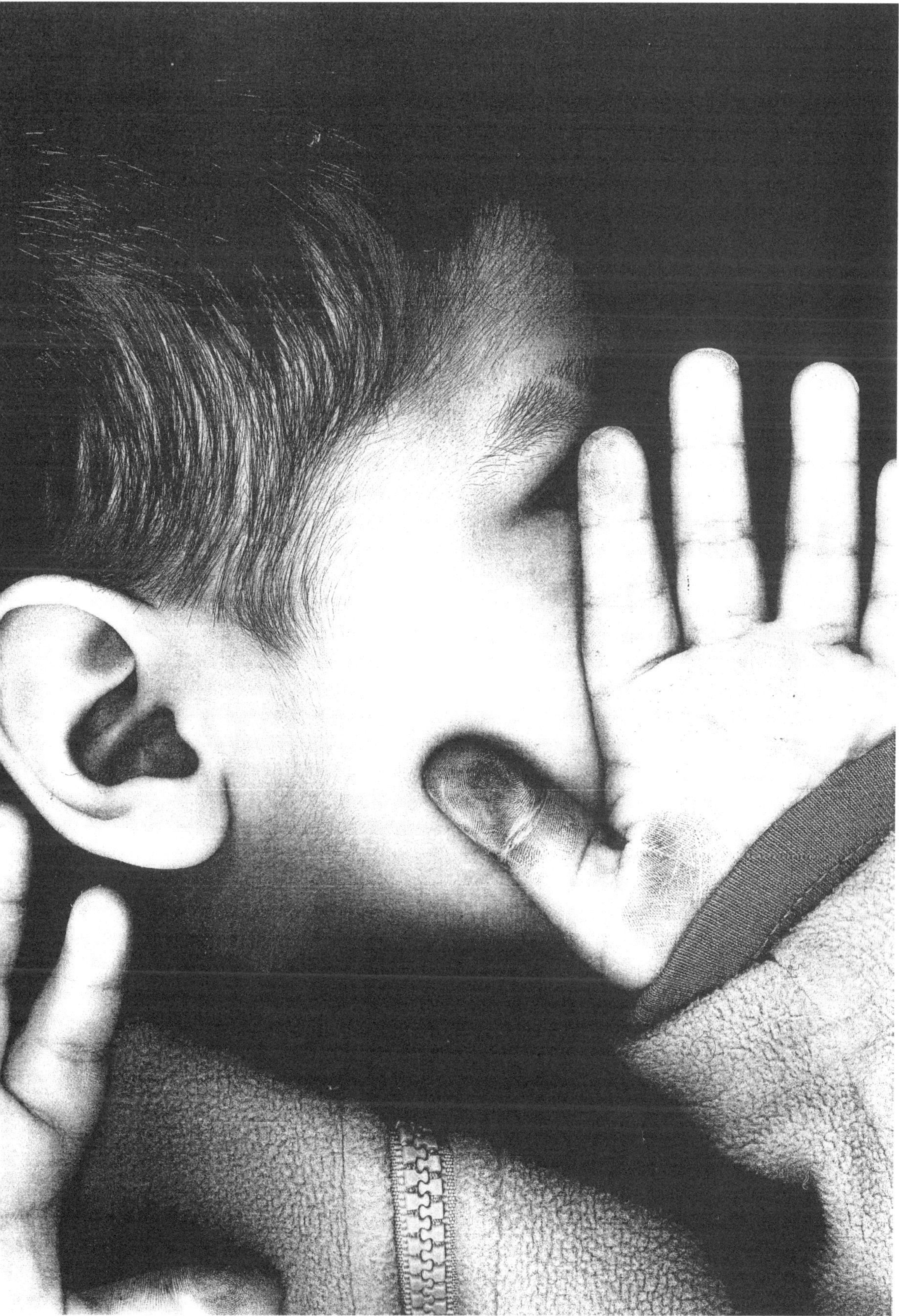

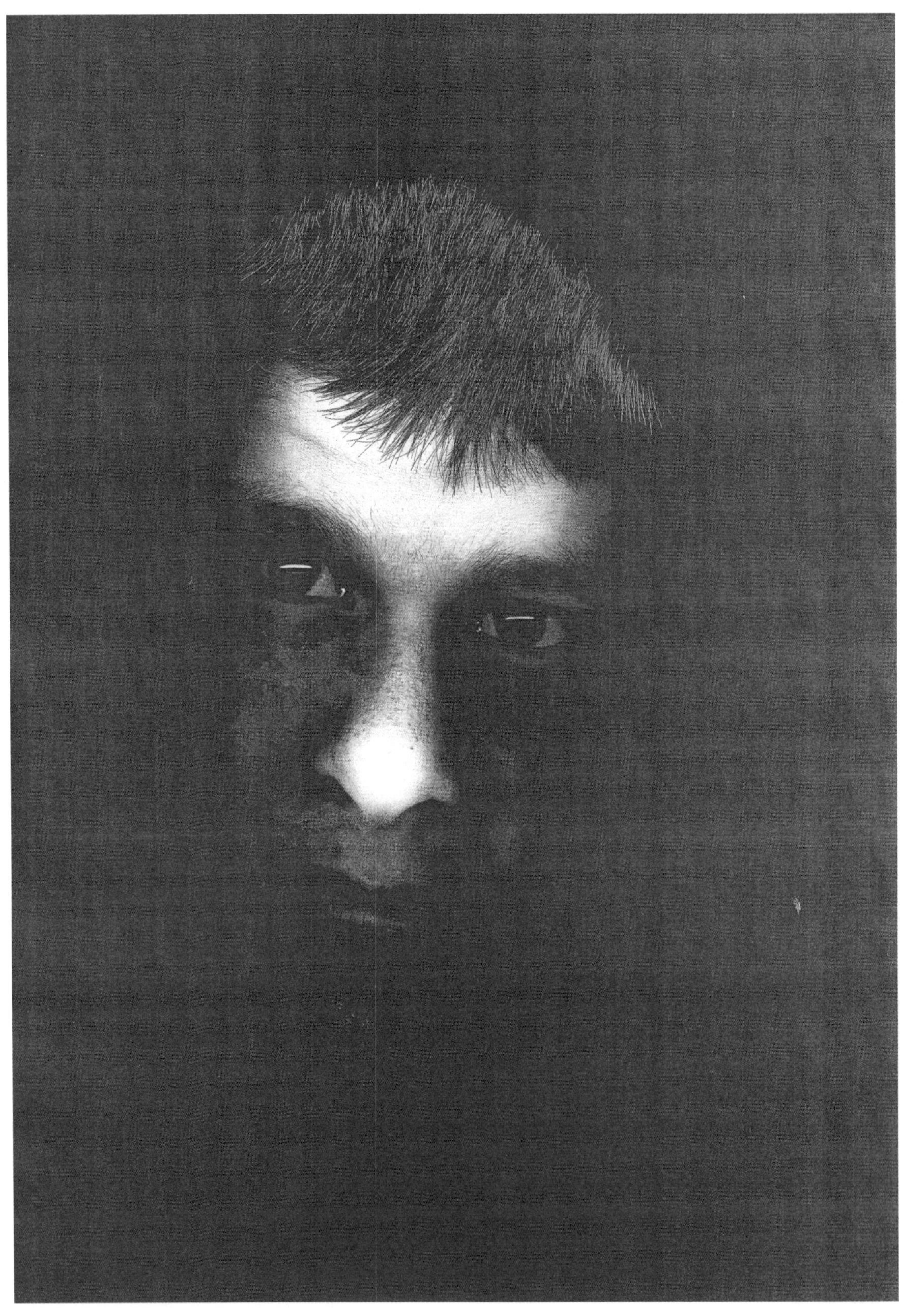

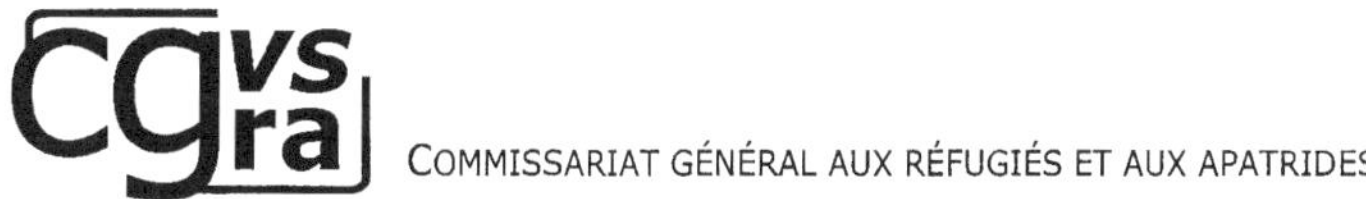

COMMISSARIAT GÉNÉRAL AUX RÉFUGIÉS ET AUX APATRIDES

DÉCLARATION : RENONCIATION À LA DEMANDE D'ASILE

Numéro du dossier CGRA :

Numéro S.P. :

Renvoyez ce formulaire dûment complété, daté et signé au CGRA :

Par la poste Commissariat général aux réfugiés et aux apatrides
Helpdesk avocats, personnes de confiance et HCR
Boulevard du Roi Albert II, n° 26A
1000 Bruxelles

Par fax 02 205 50 33

Par e-mail CGRA-CGVS.Advocate@ibz.fgov.be

Ou déposez ce formulaire dûment complété, daté et signé à l'Accueil du CGRA.

Je soussigné(e),

Nom, prénom : ....

Nationalité : ....

Lieu et date de naissance : ....

Déclare renoncer de mon plein gré à ma demande d'asile en Belgique et avoir pris connaissance du fait que cette renonciation entraîne la clôture de ma demande d'asile.

Lieu et date :

....

Signature :

....

Au vu de ce qui précède, le Commissariat général est dans l'impossibilité de conclure qu'il existe, en votre chef, une crainte de persécution au sens défini par la Convention de Genève de 1951 ou l'existence d'un risque réel d'encourir des atteintes graves telles que mentionnées dans la définition de la protection subsidiaire.

C. Conclusion

Sur base des éléments figurant dans votre dossier, je constate que vous ne pouvez pas être reconnu(e) comme réfugié(e) au sens de l'article 48/3 de la loi sur les étrangers. Vous n'entrez pas non plus en considération pour le statut de protection subsidiaire au sens de l'article 48/4 de la loi sur les étrangers.

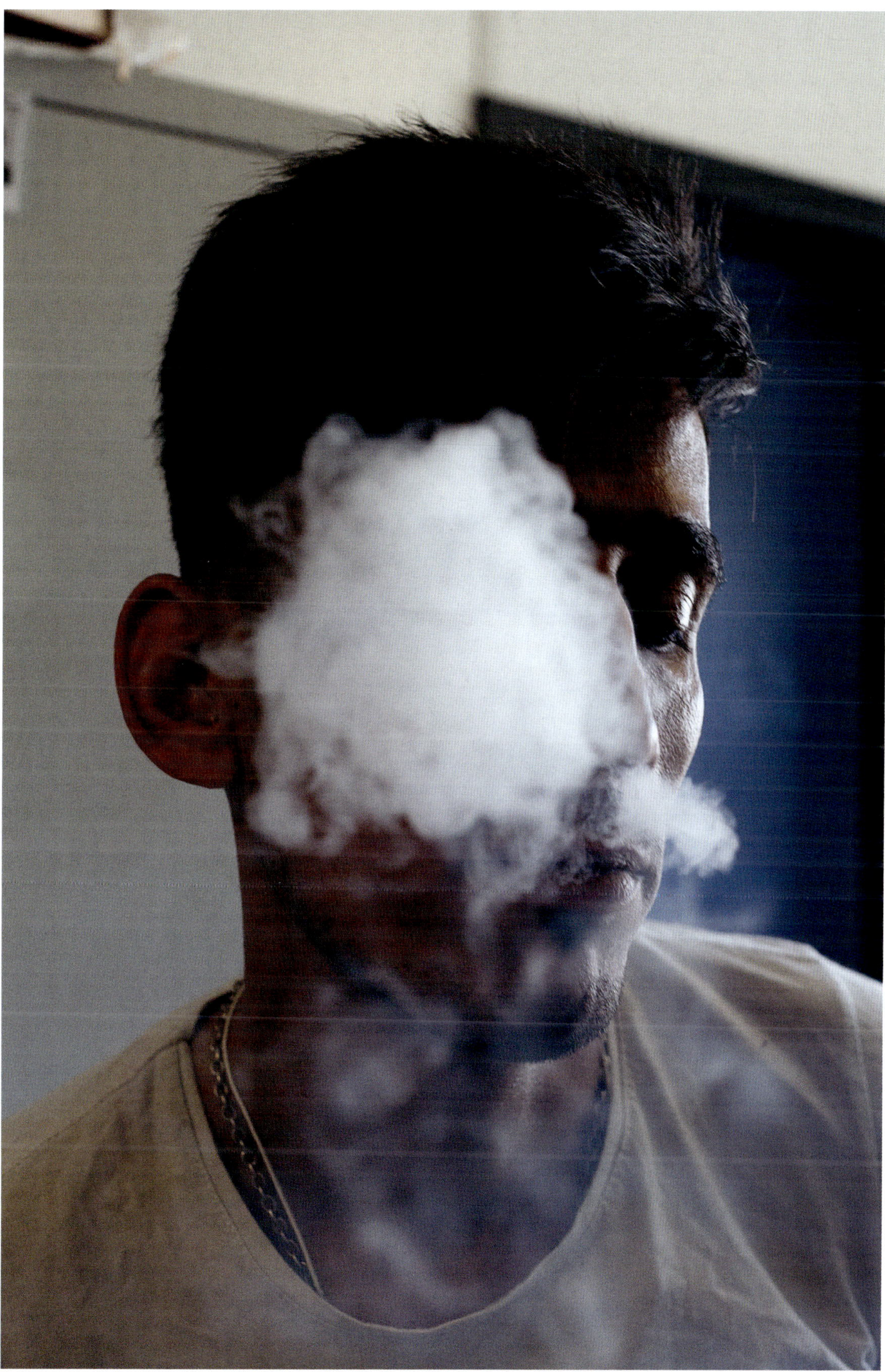

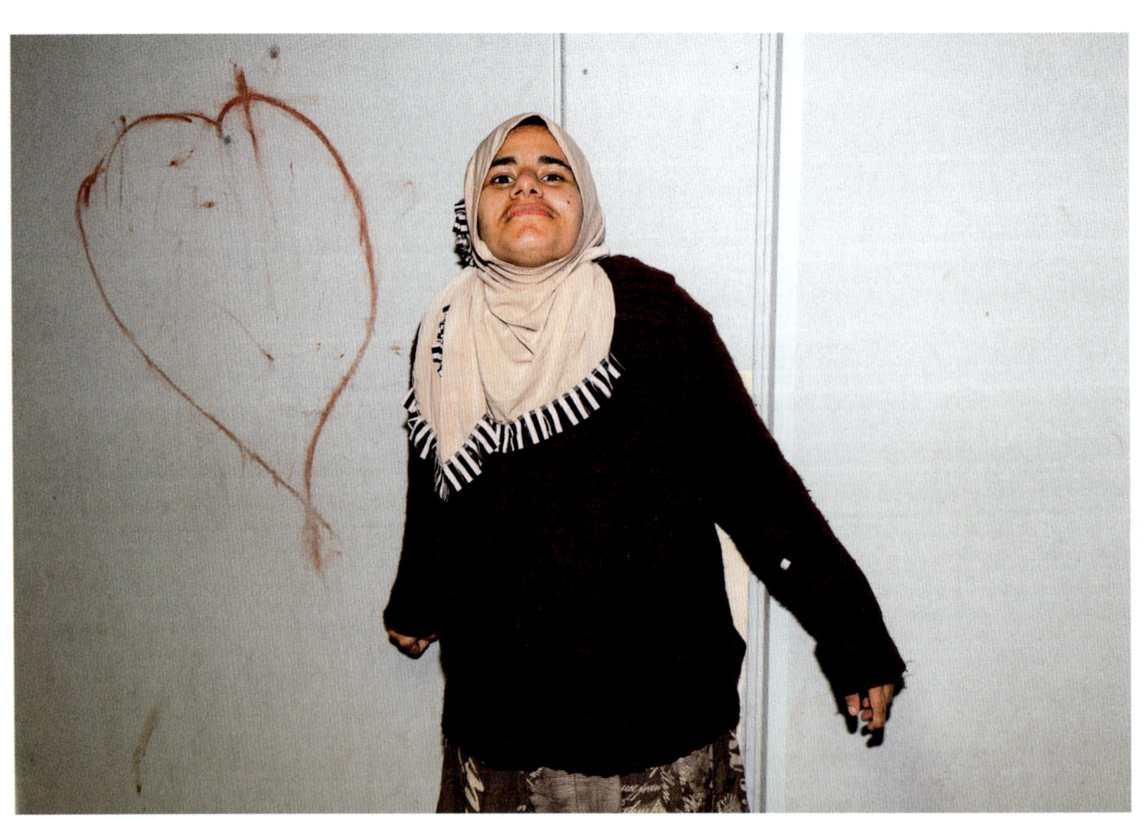

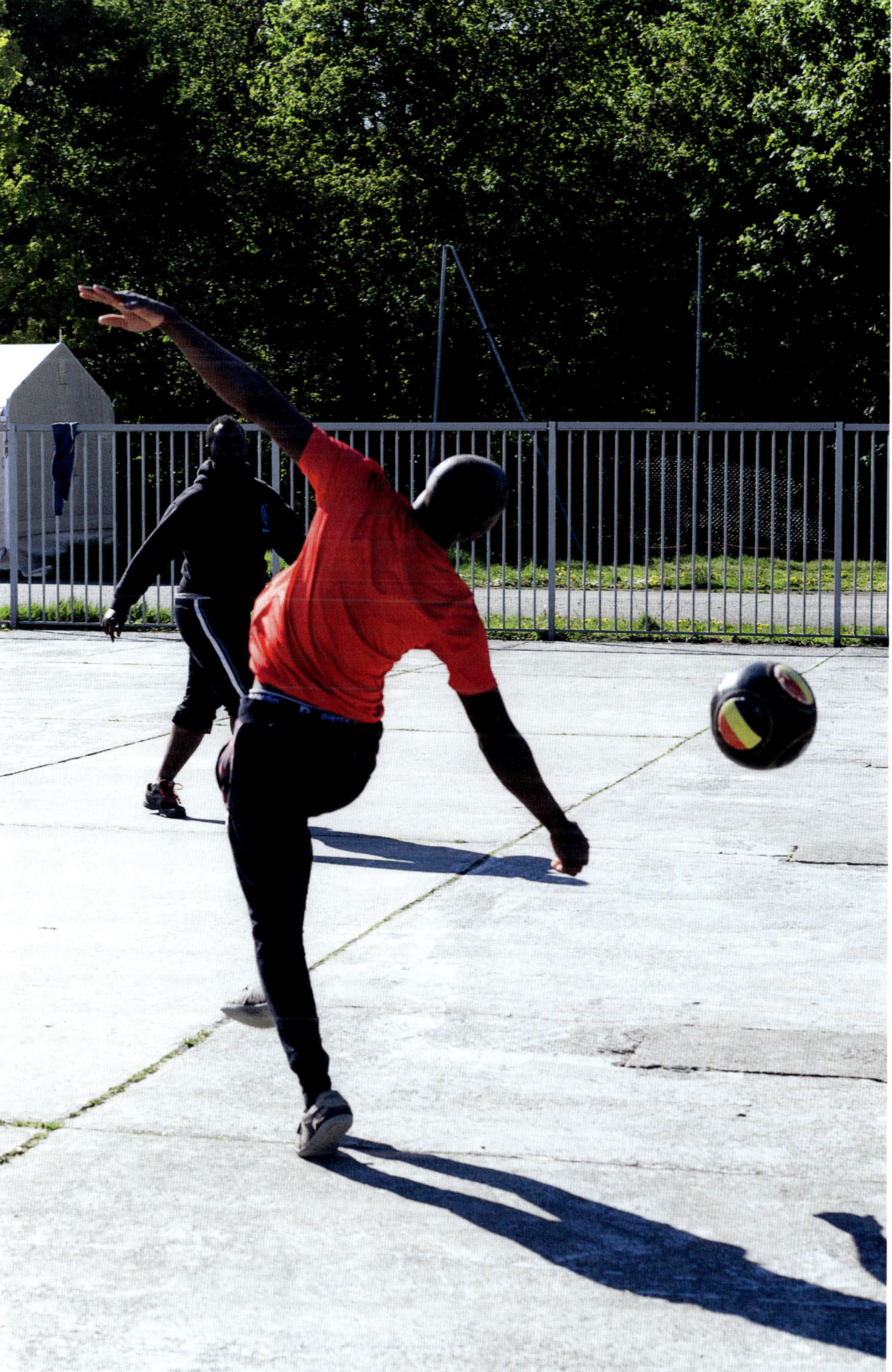

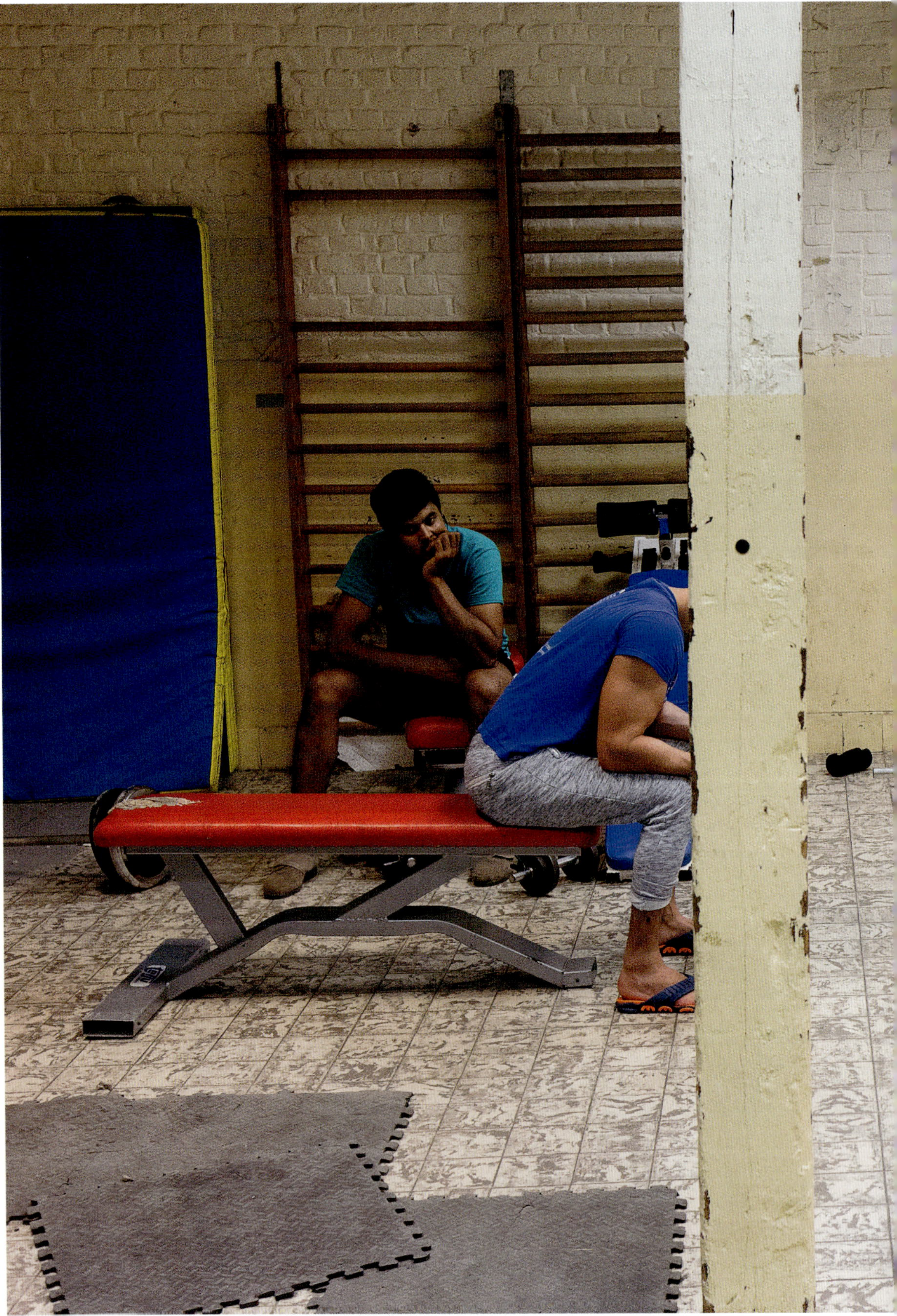

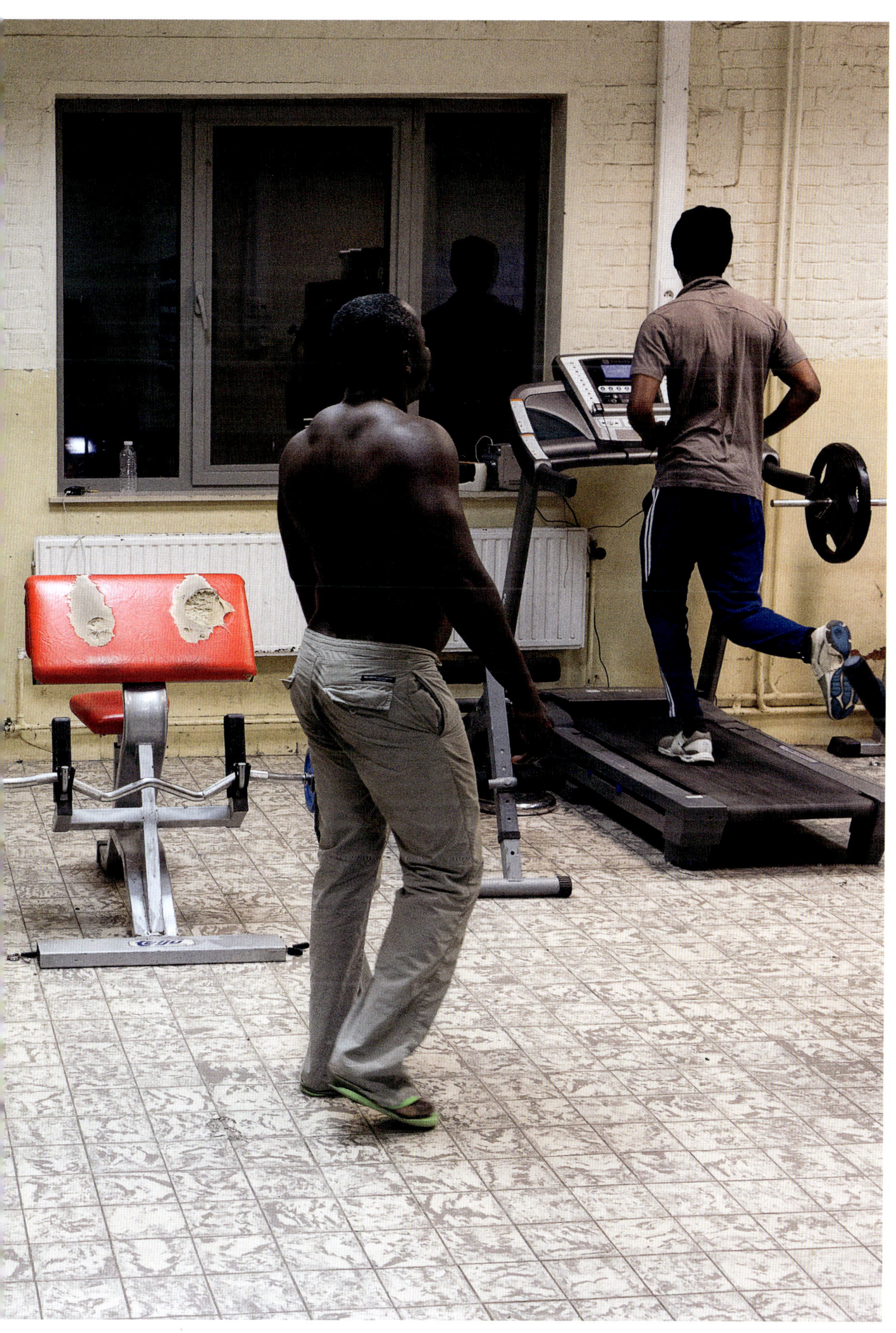

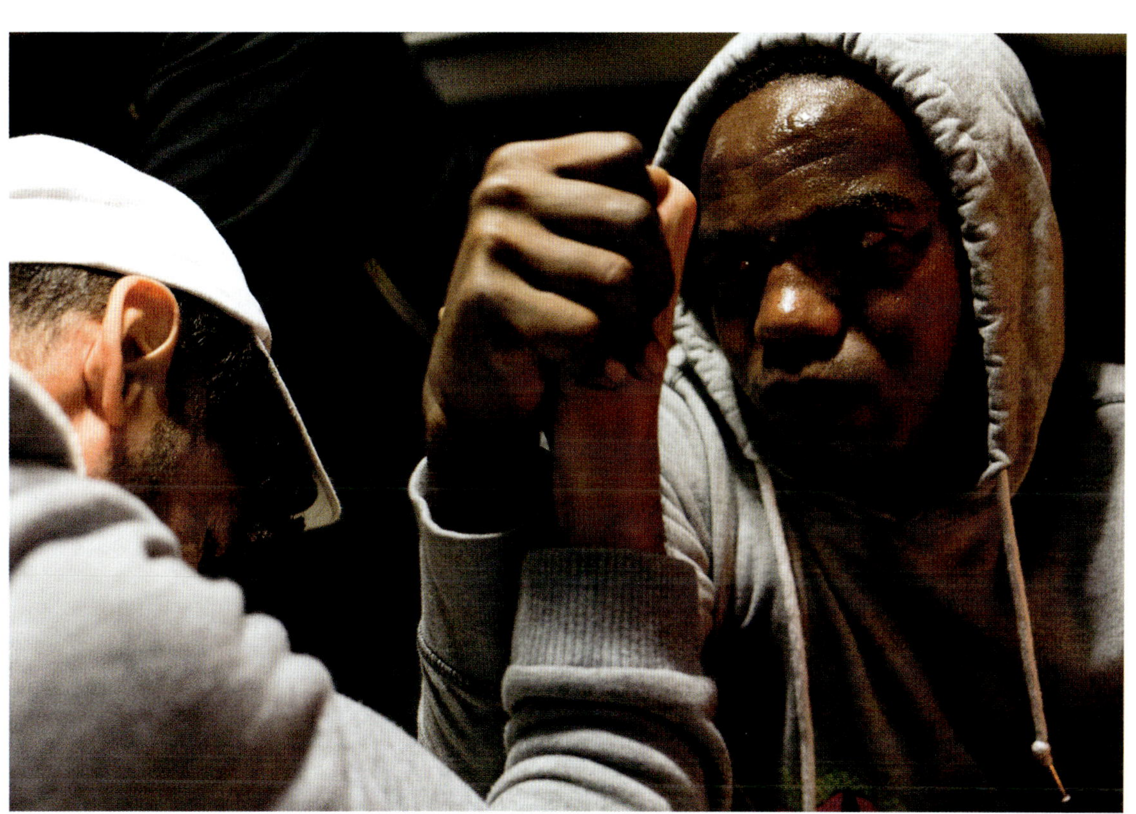

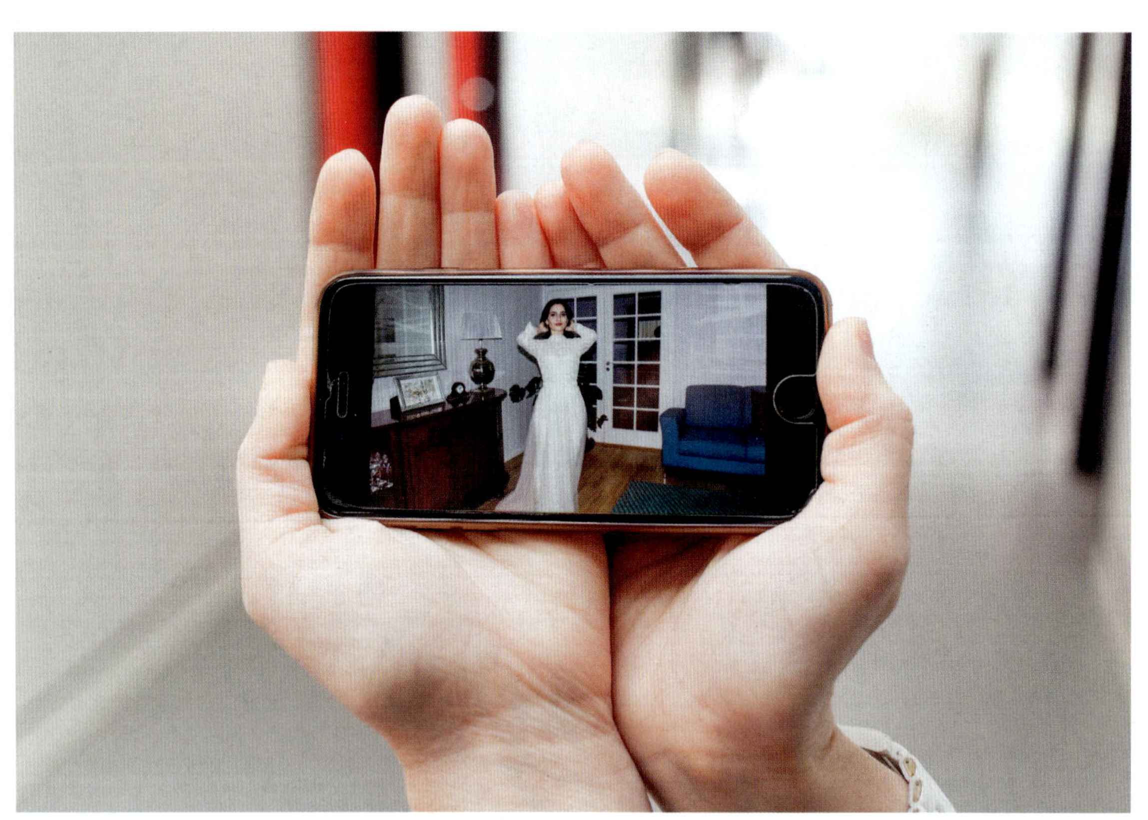

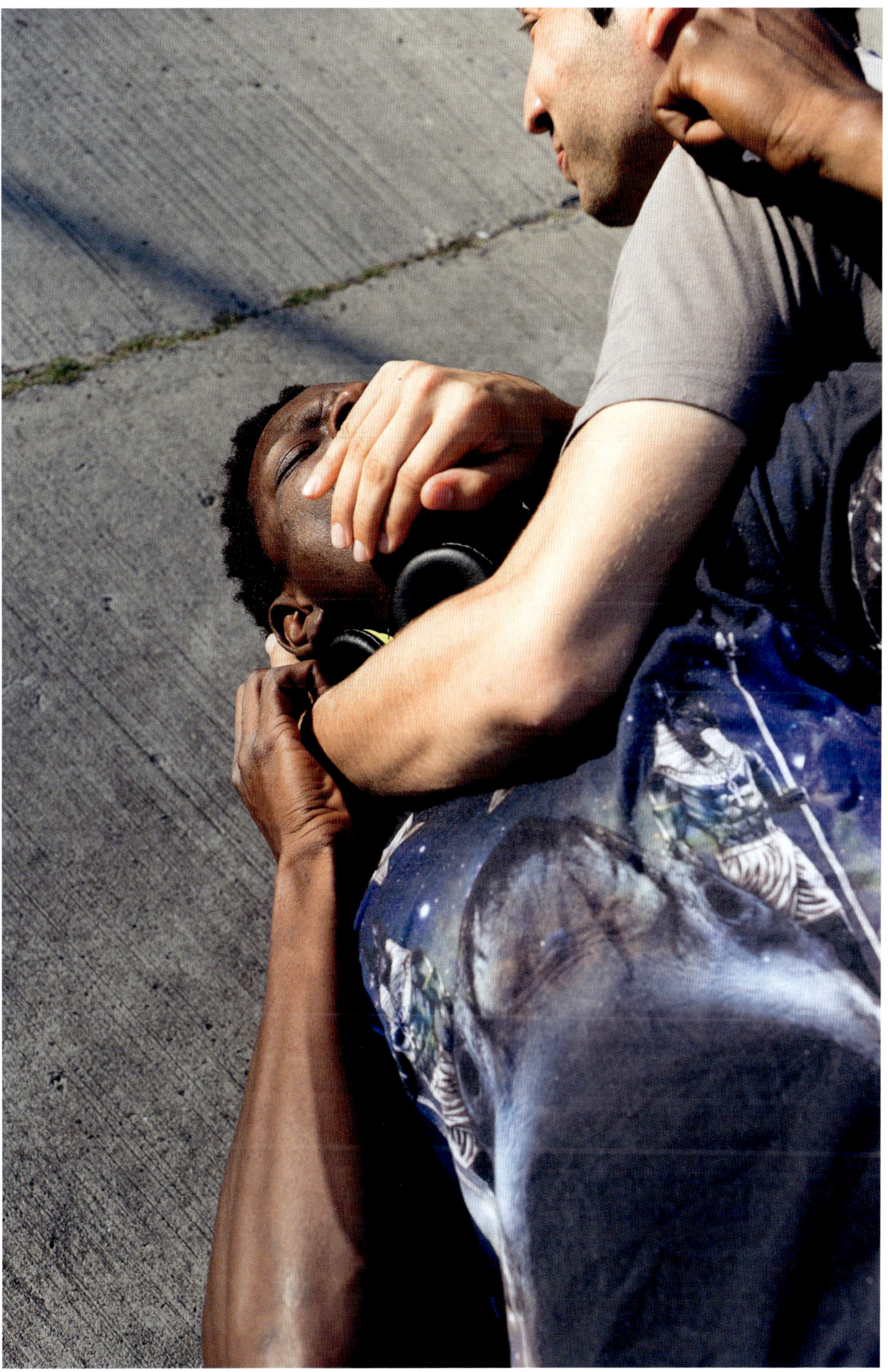

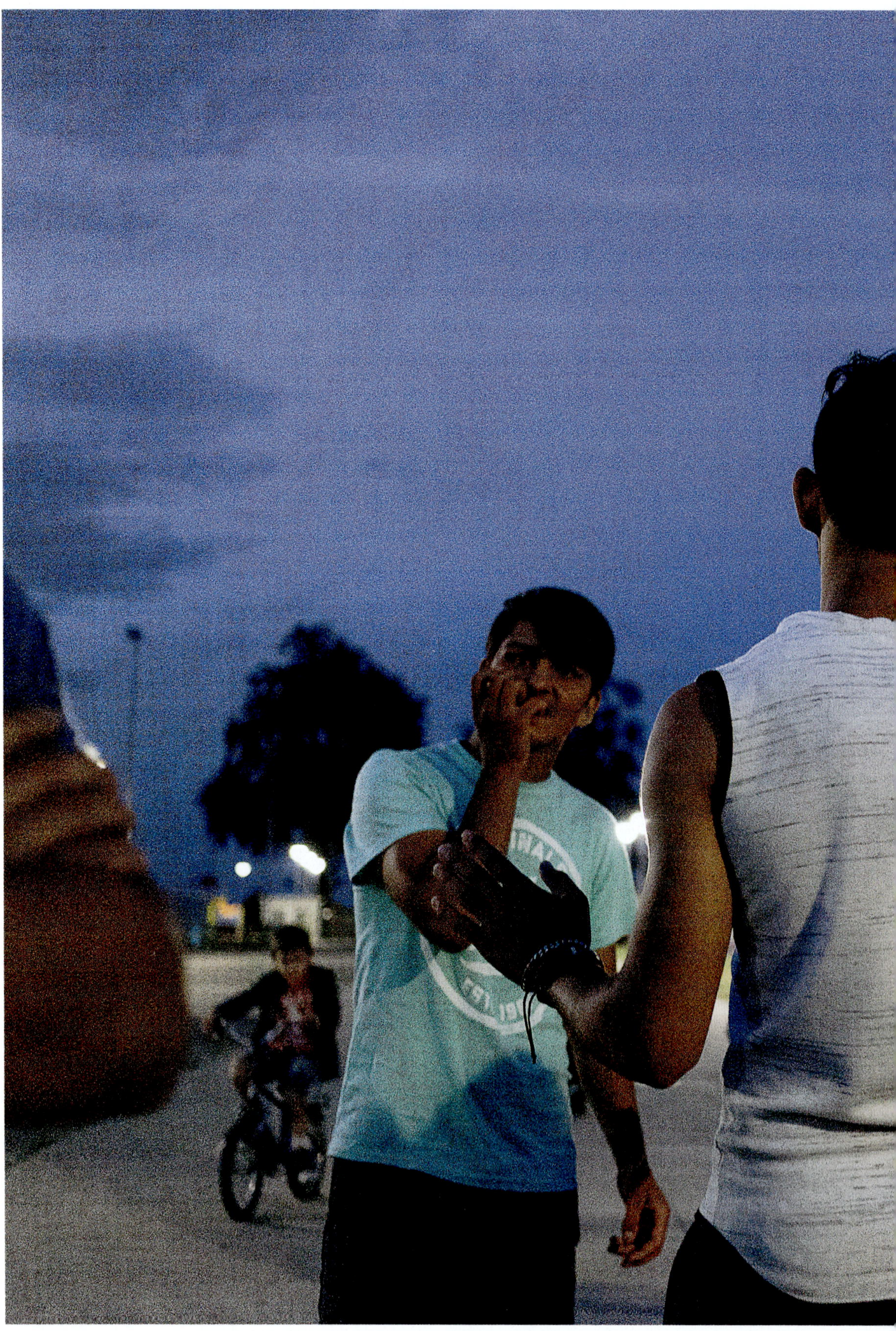

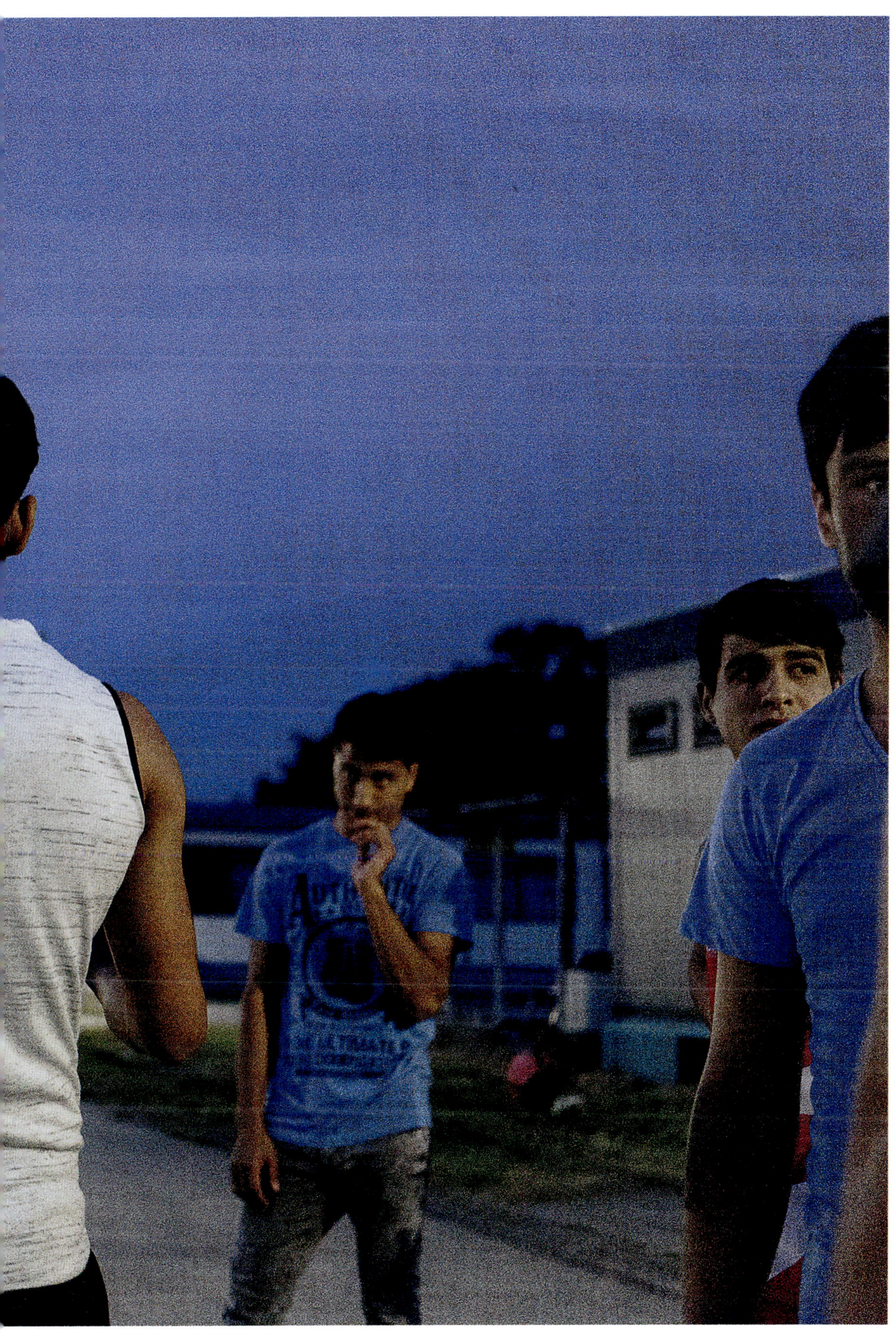

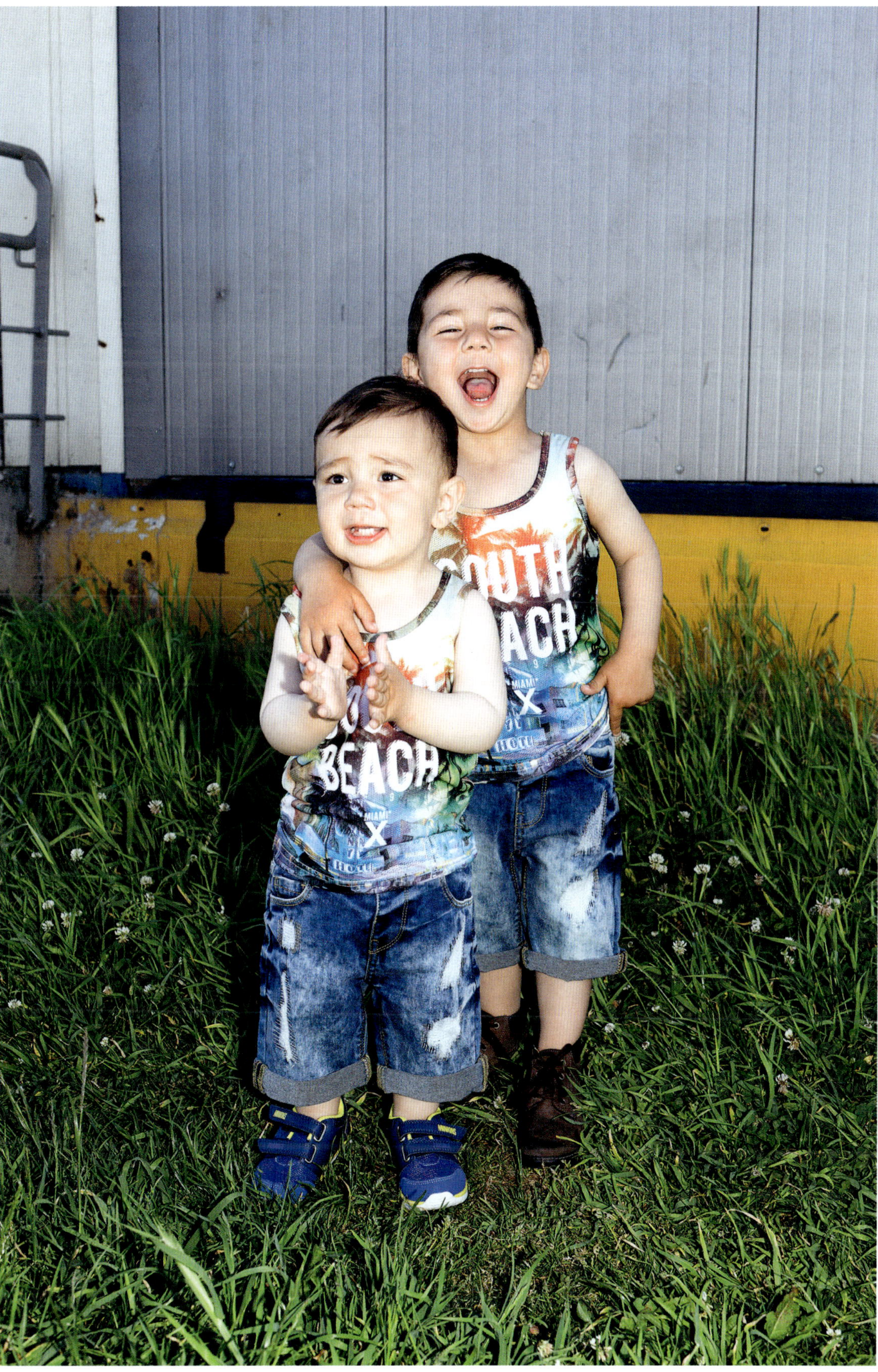
BEACH
MIAMI

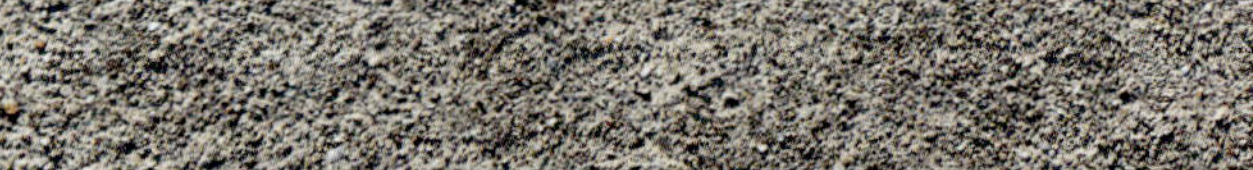

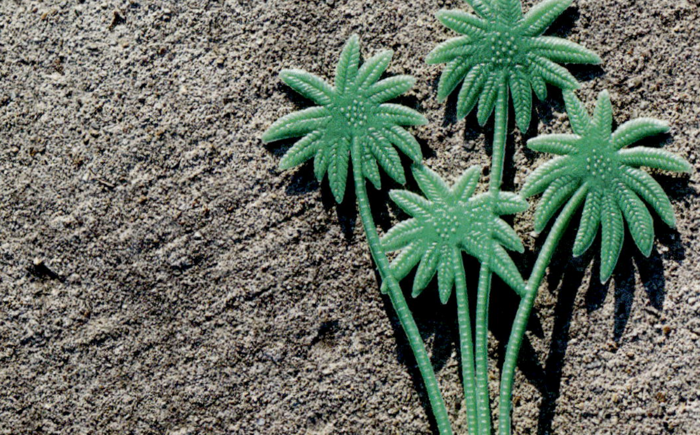

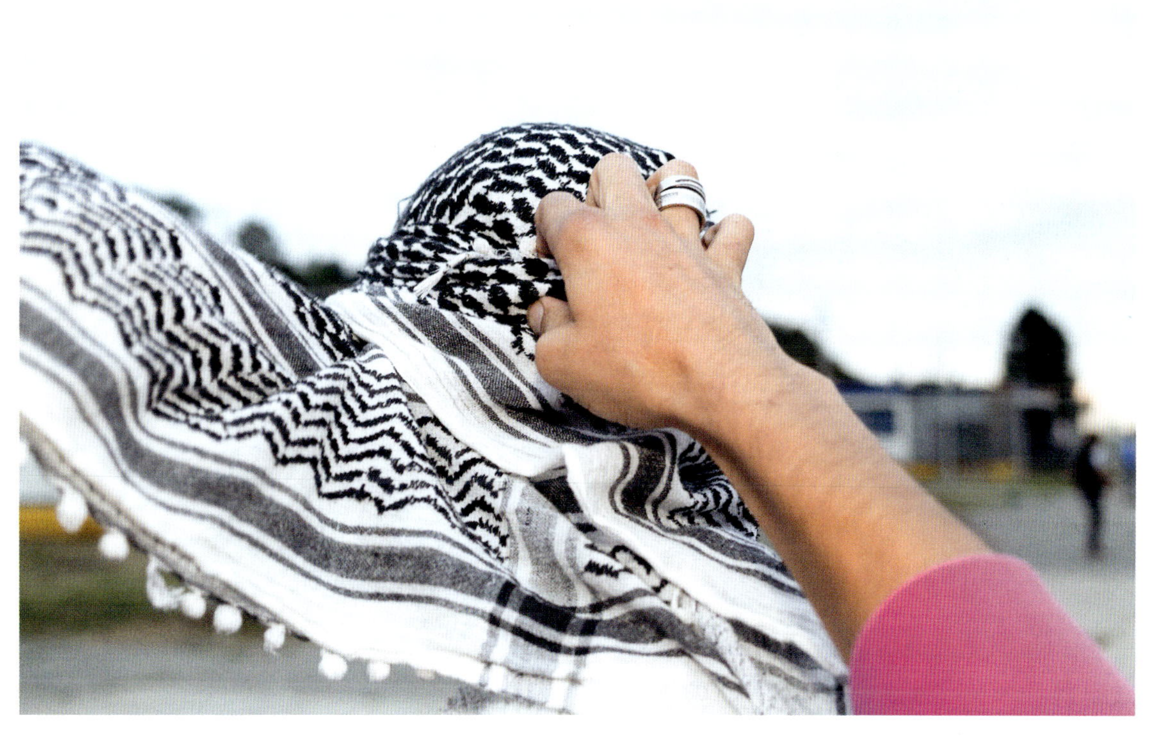

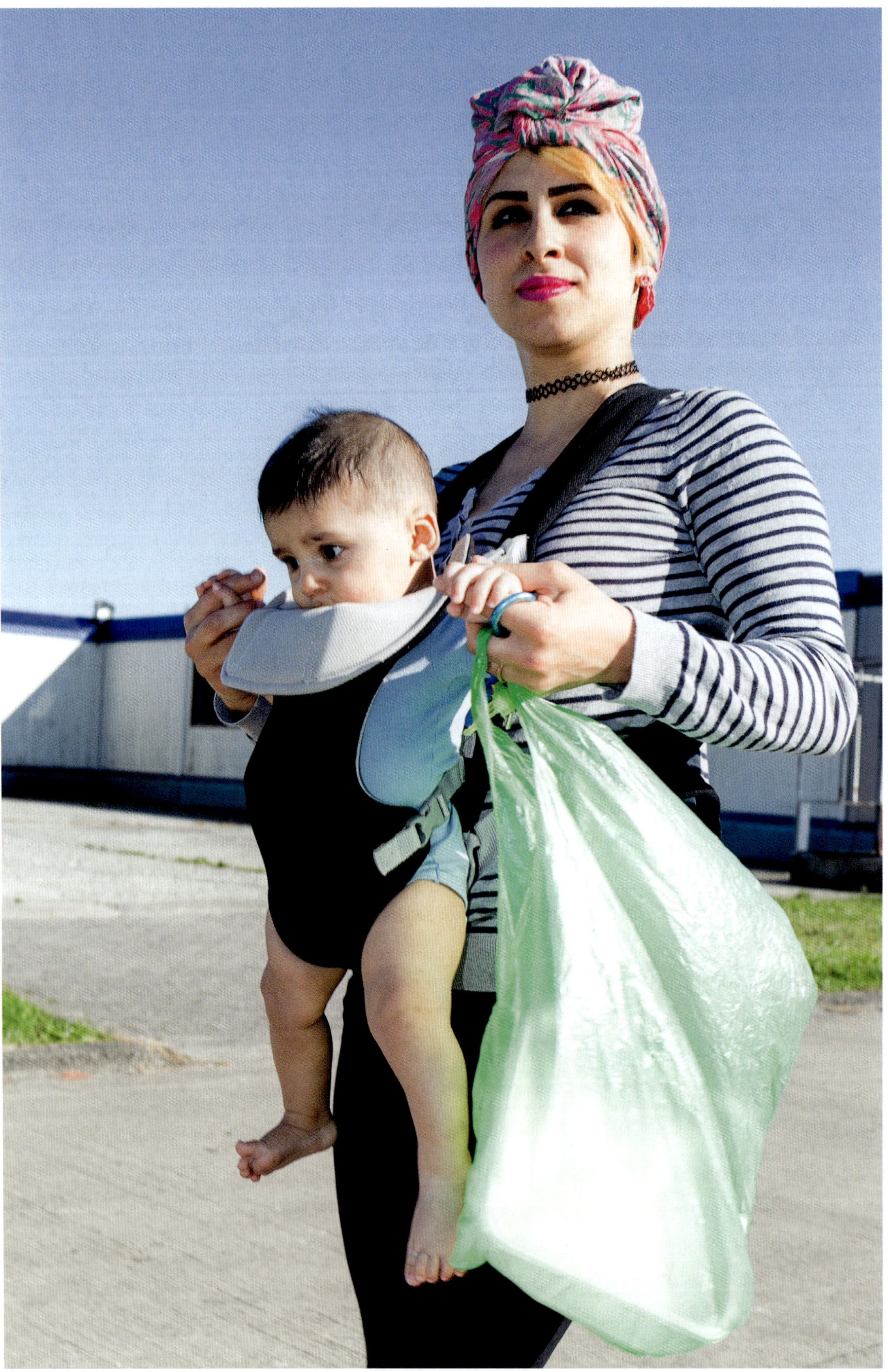

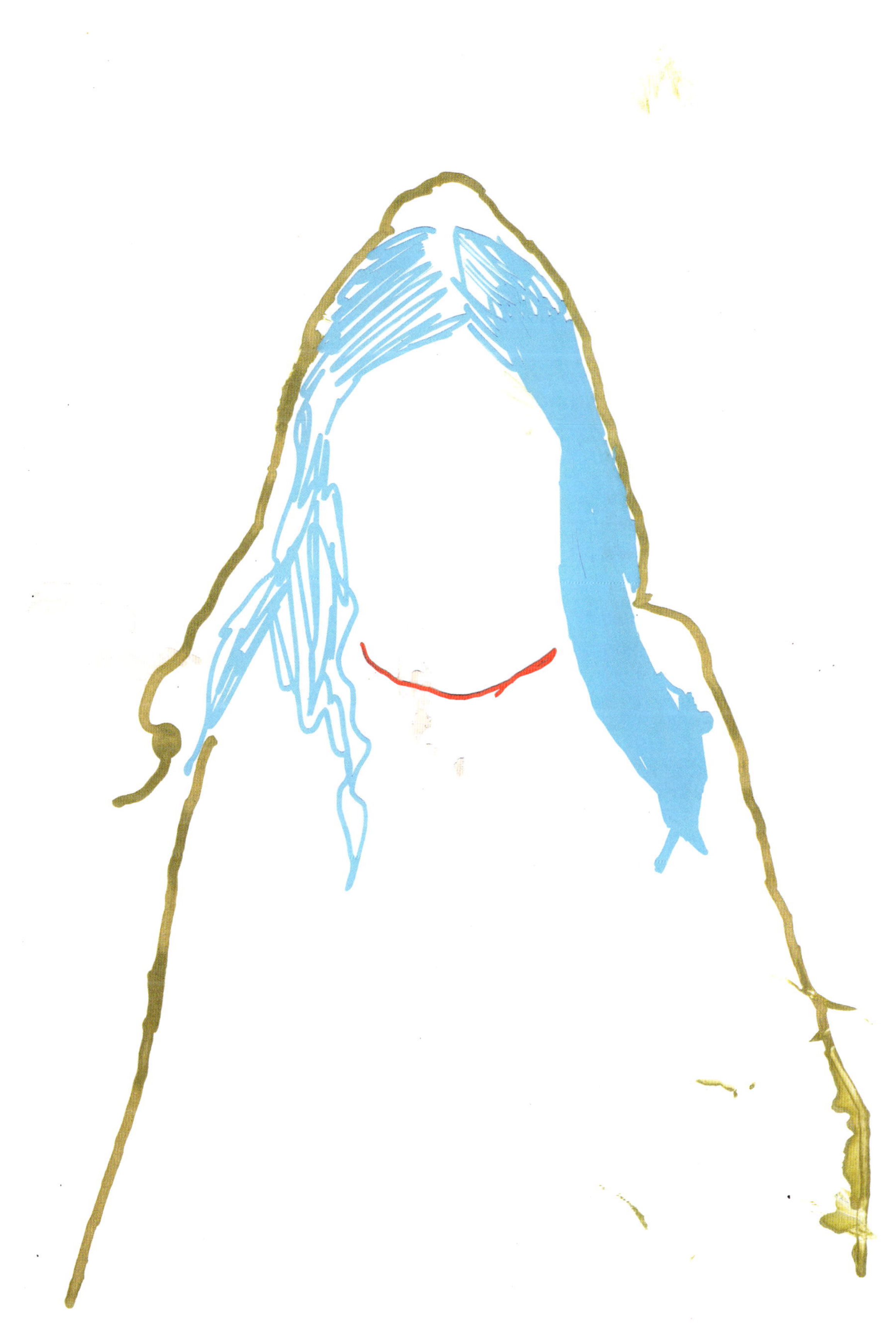

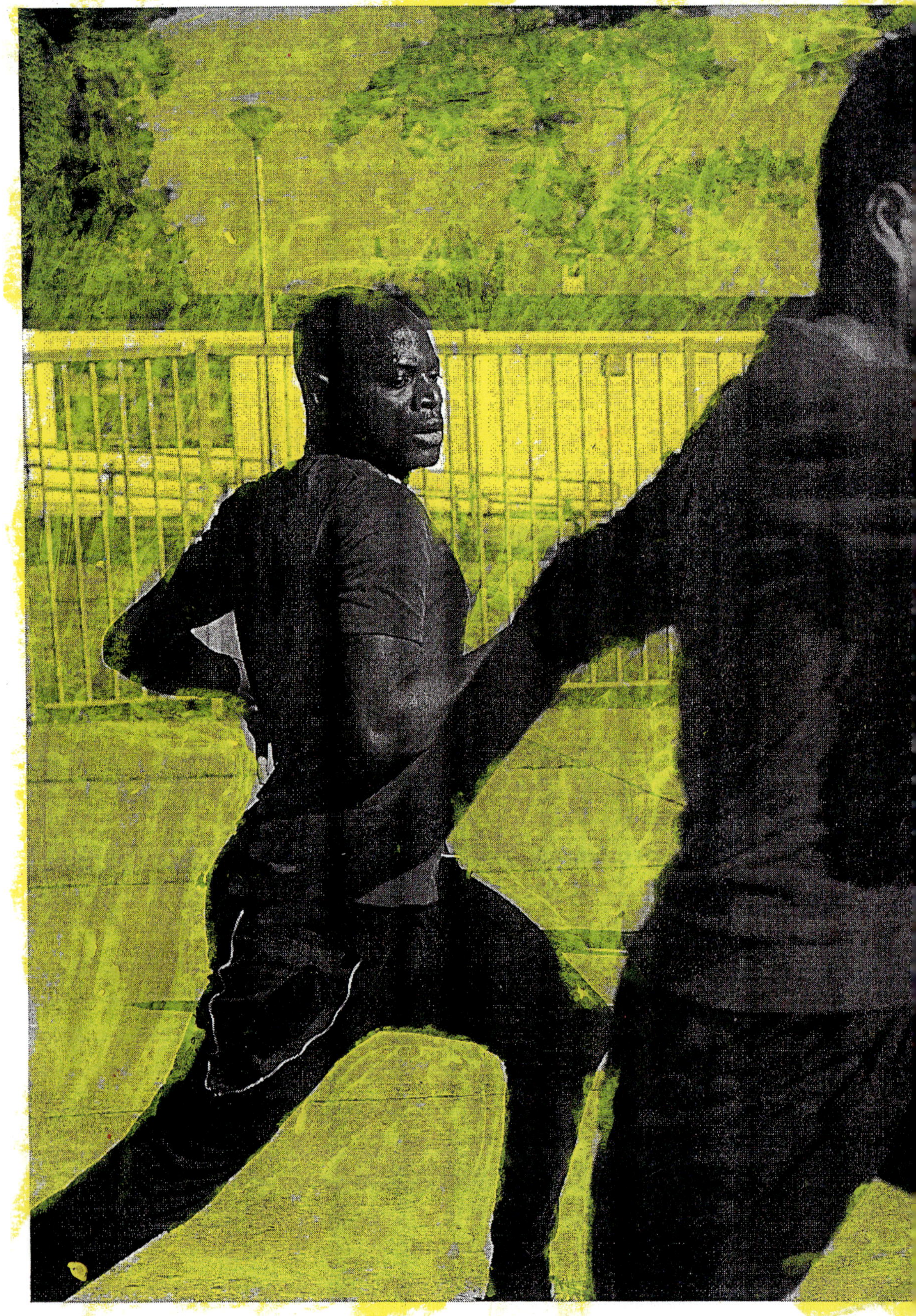

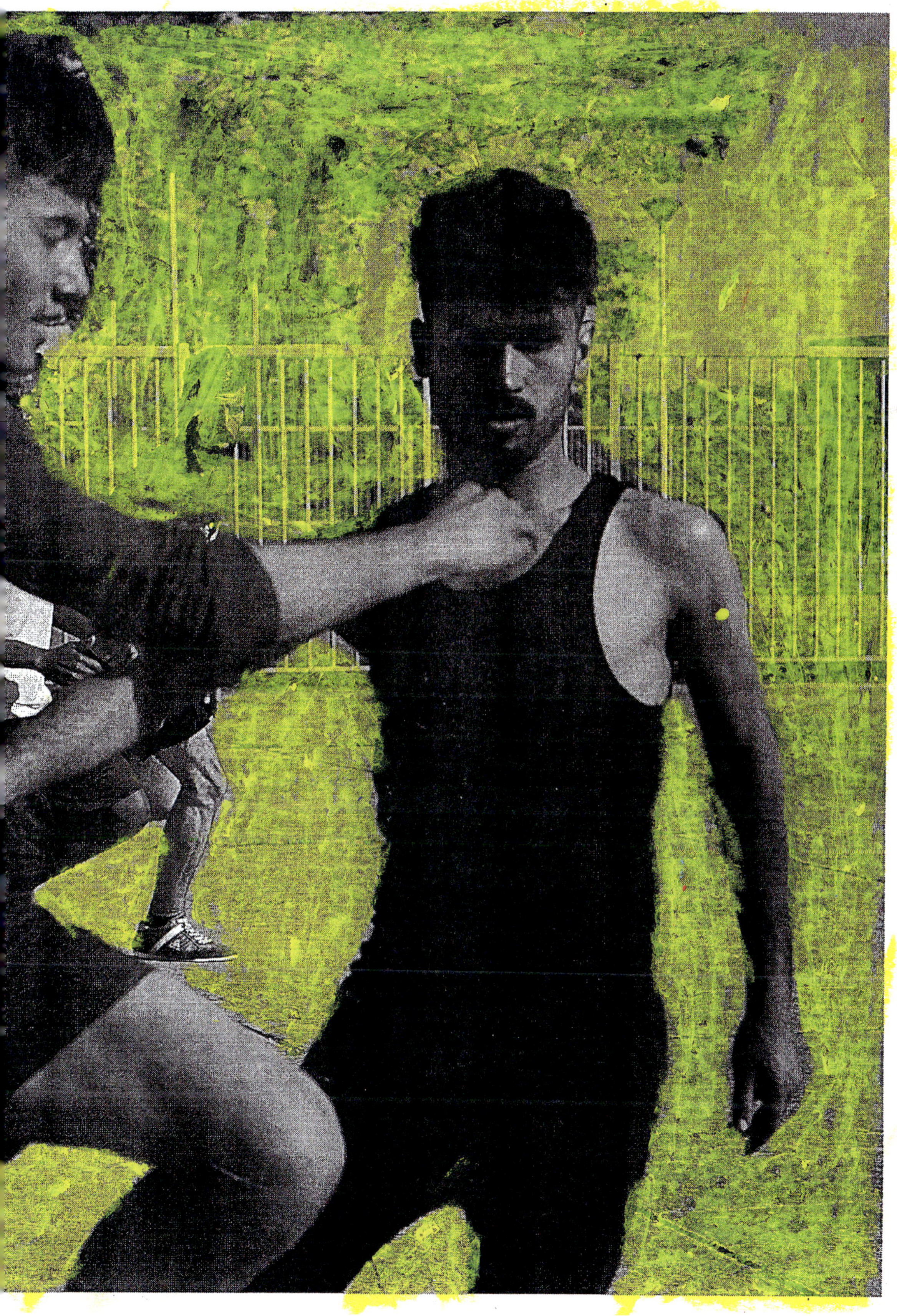

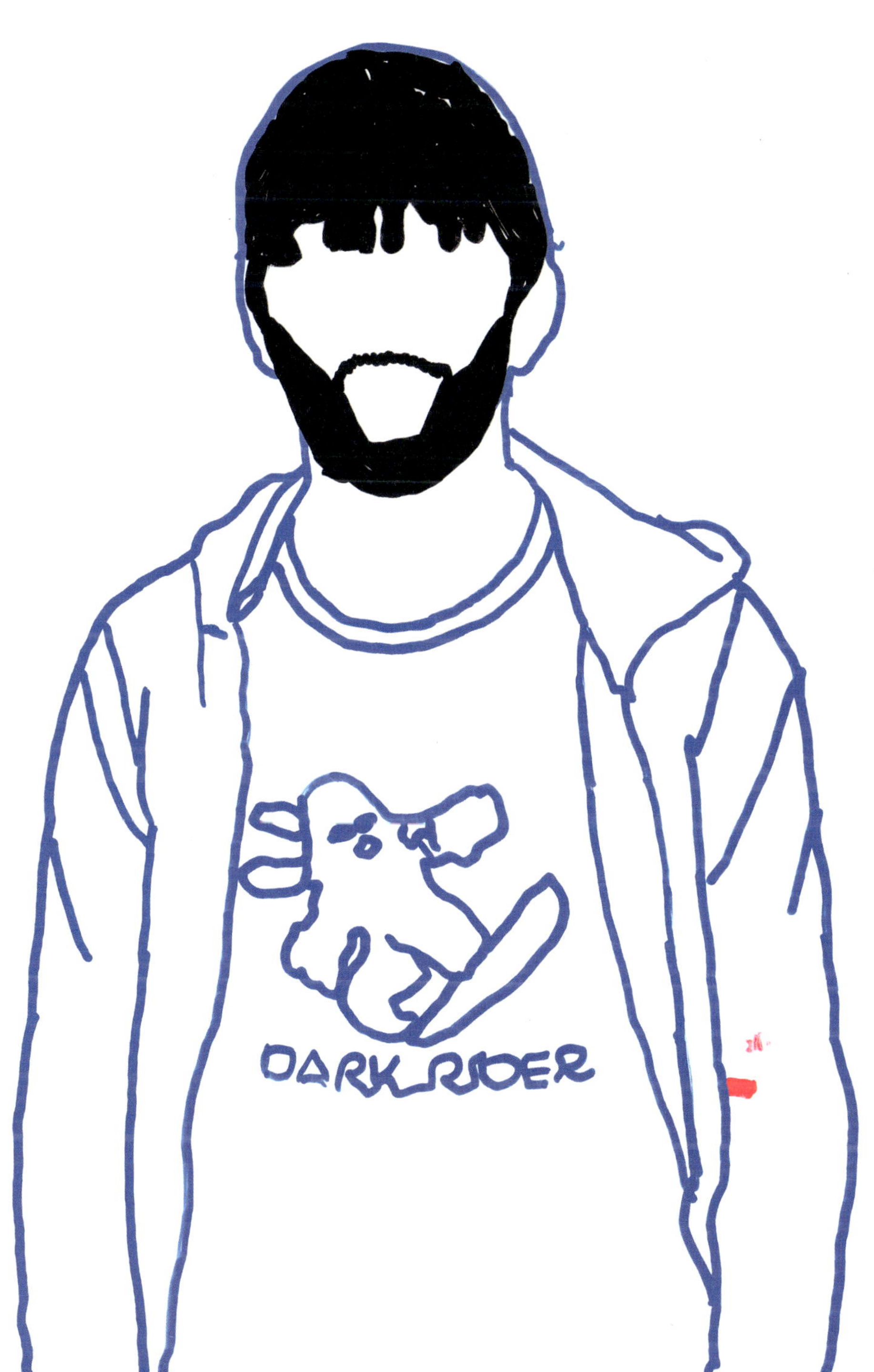
DARK RIDER

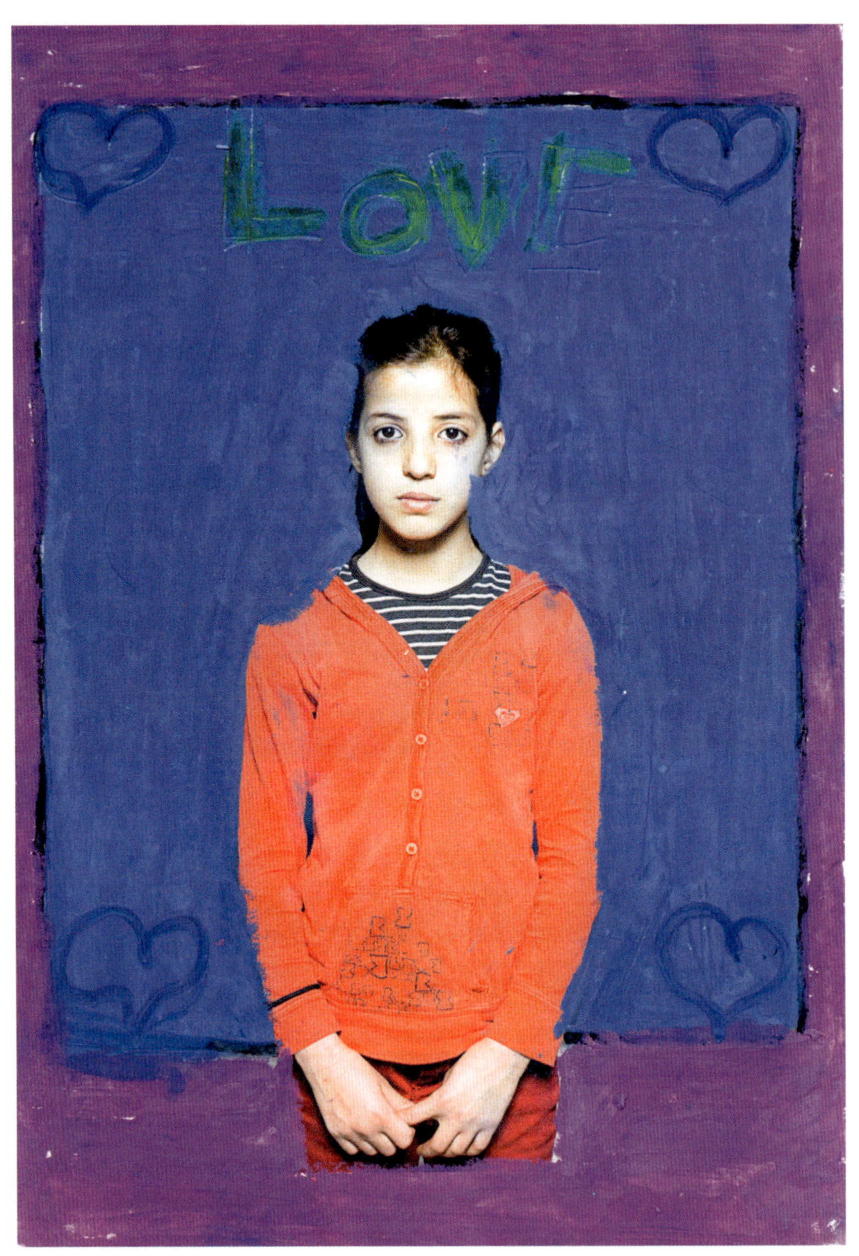
LOVE

SAHEL

JEVAjS

ALECOLE

POURMANG
ER DESFRI
TESAVEC
DU
KTCHAUP

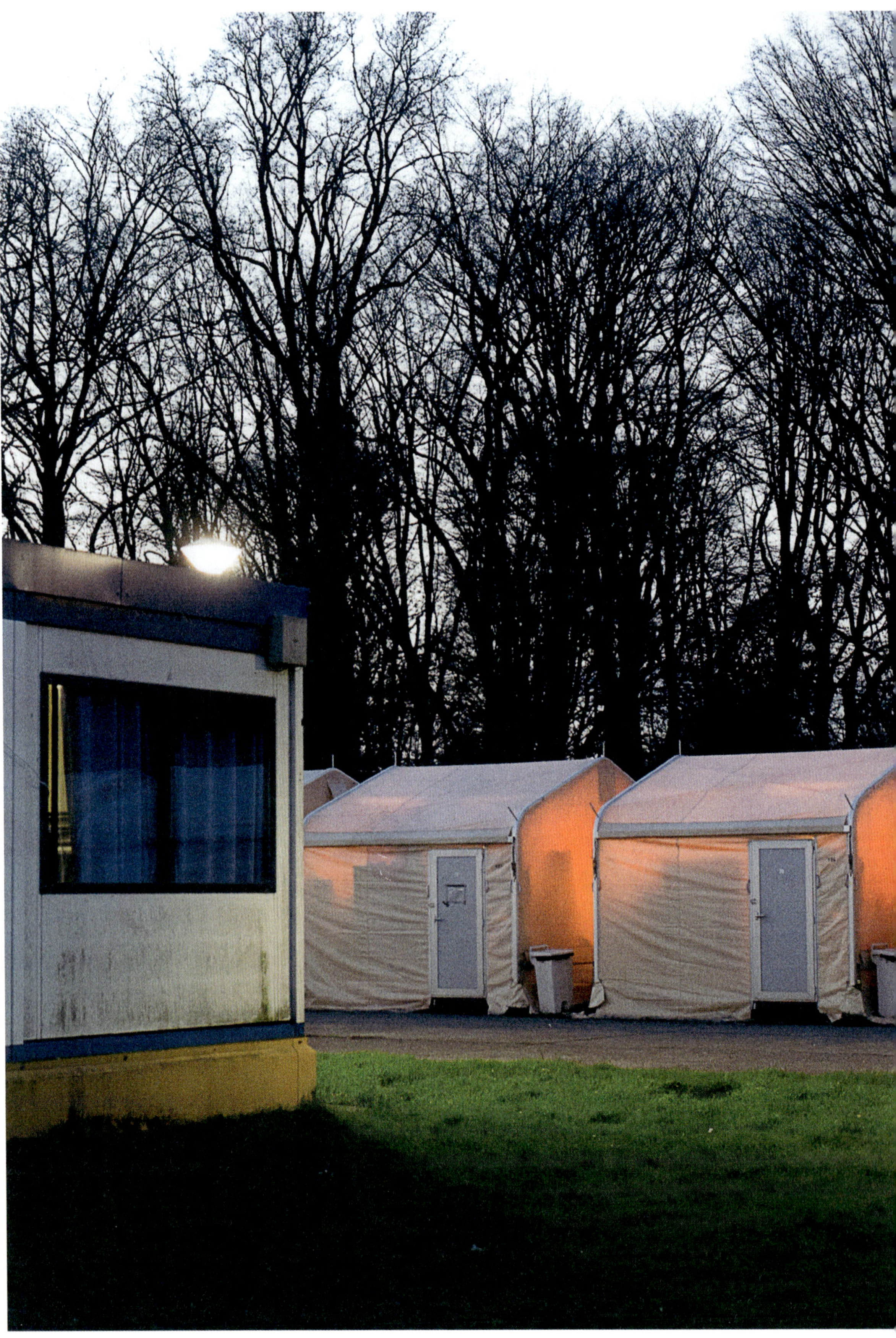

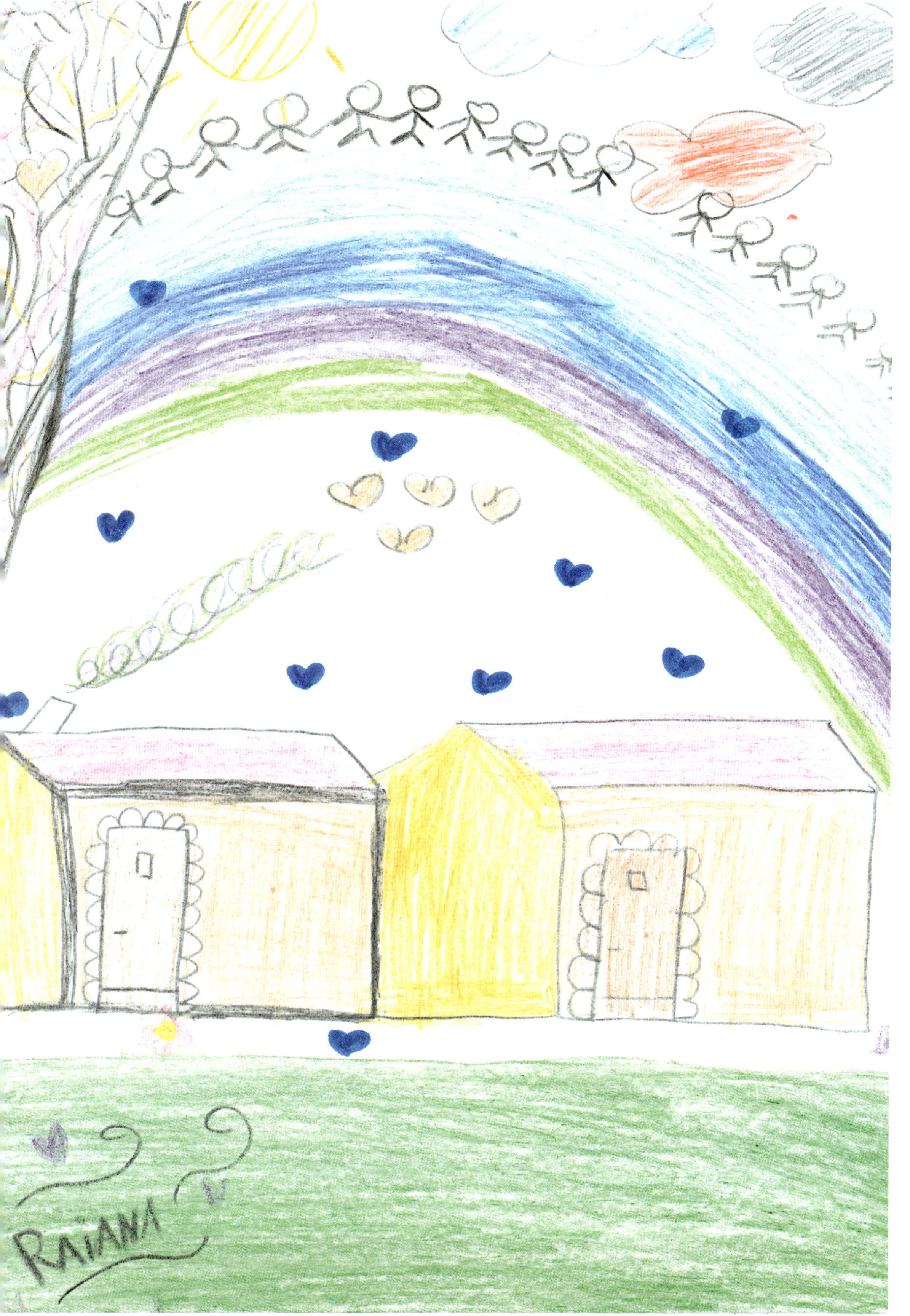
RAIANA

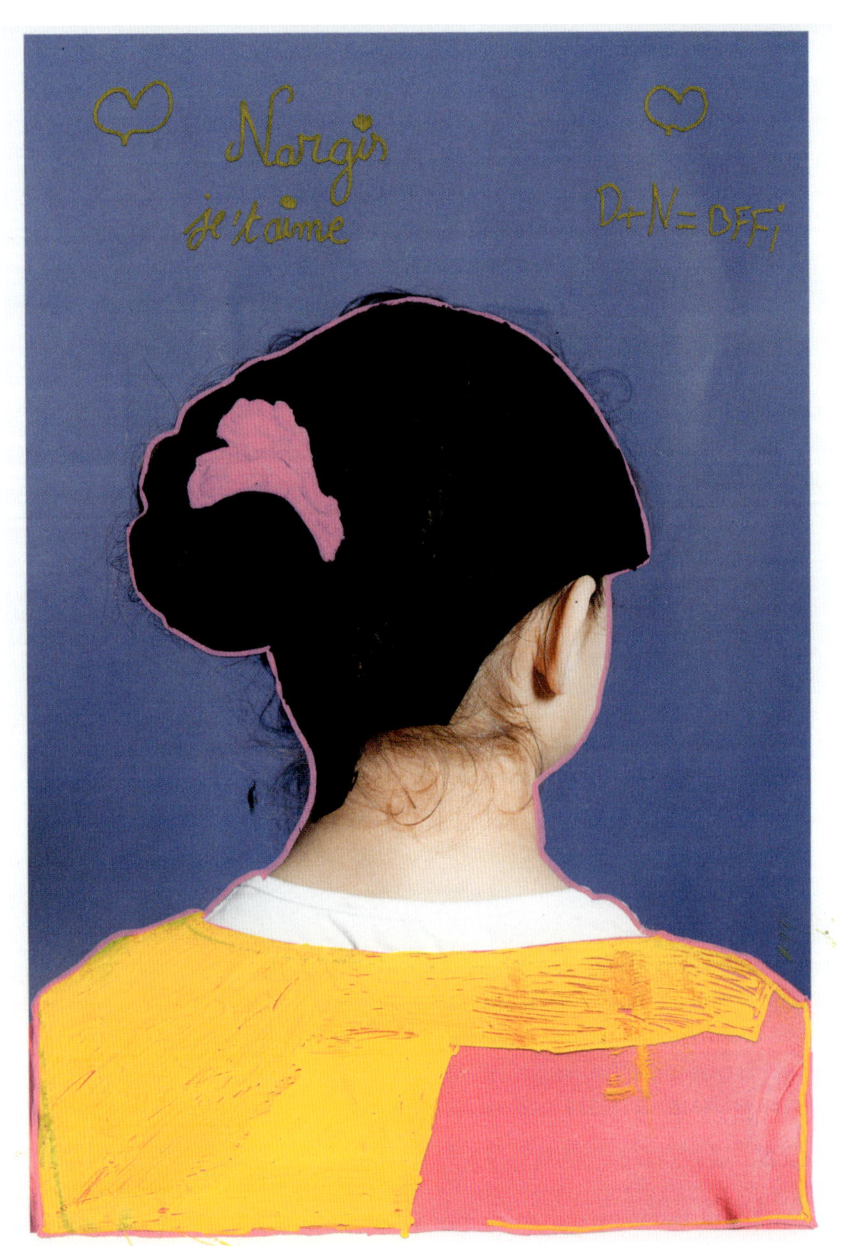
Nargis
je t'aime
D+N=BFF!

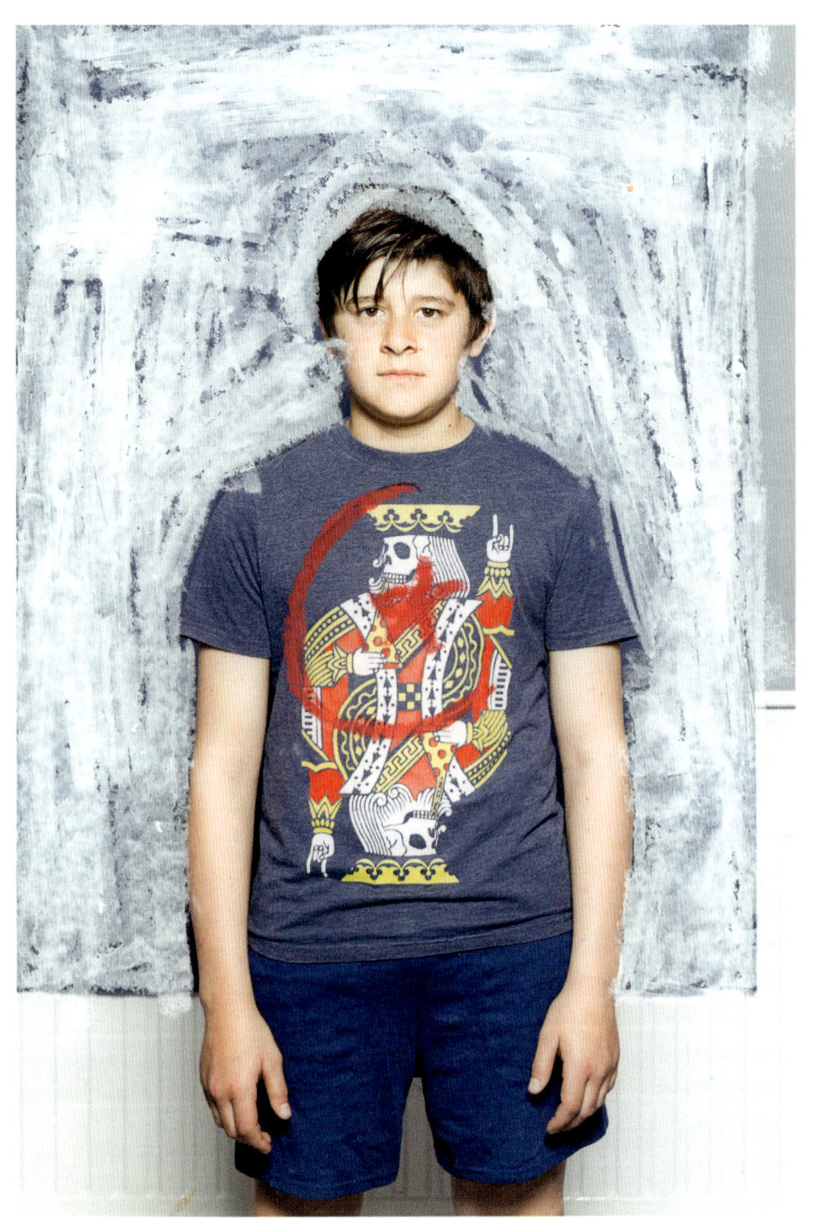

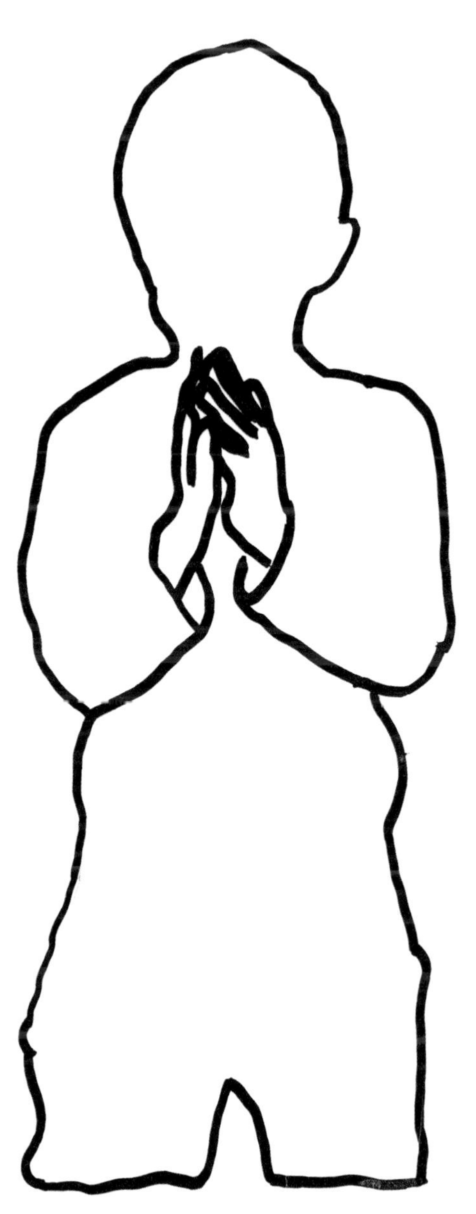

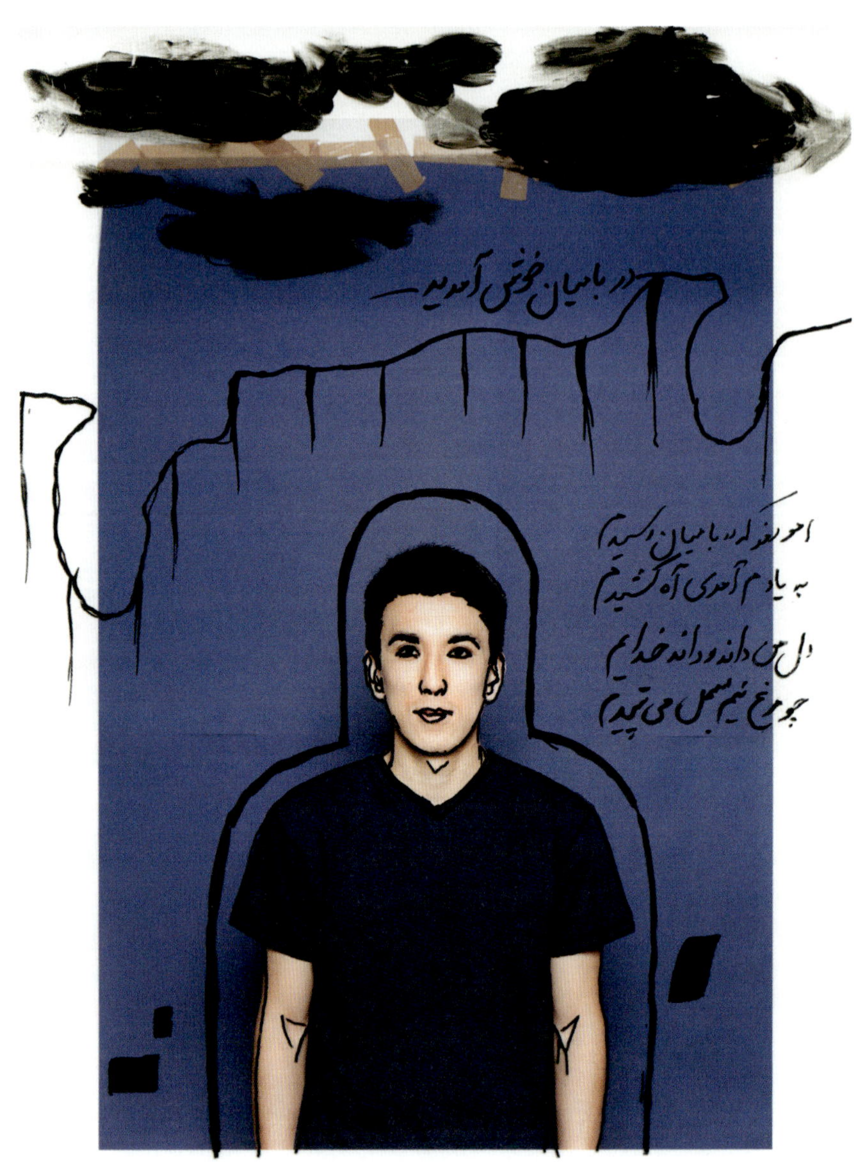
در بامیان خوش آمدید
که در بامیان رسیدم
به یادم آمدی آه کشیدم
دل من داند و داند خدایم
چو مرغ نیم بسمل می تپیدم

ALBANIE
Albani

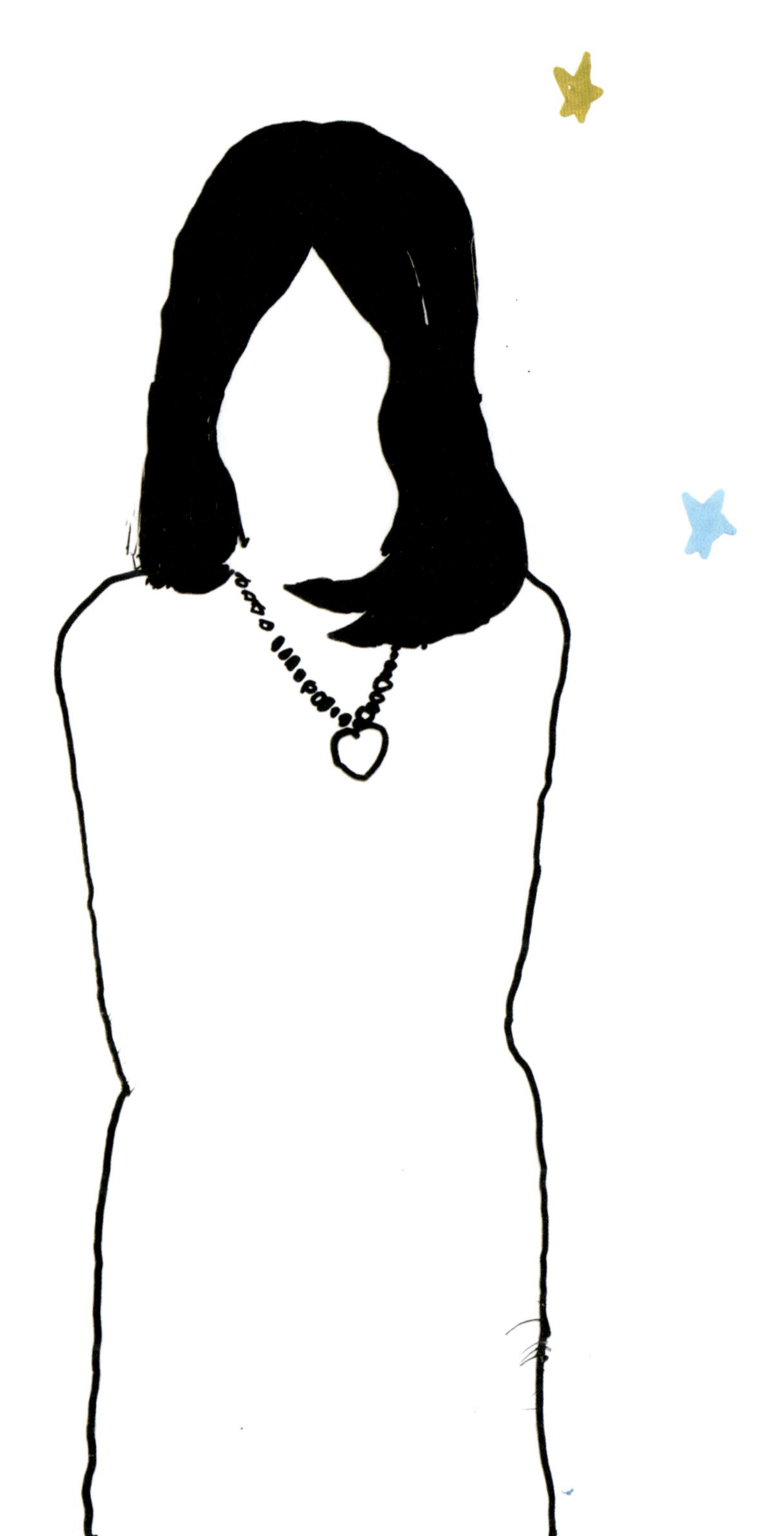

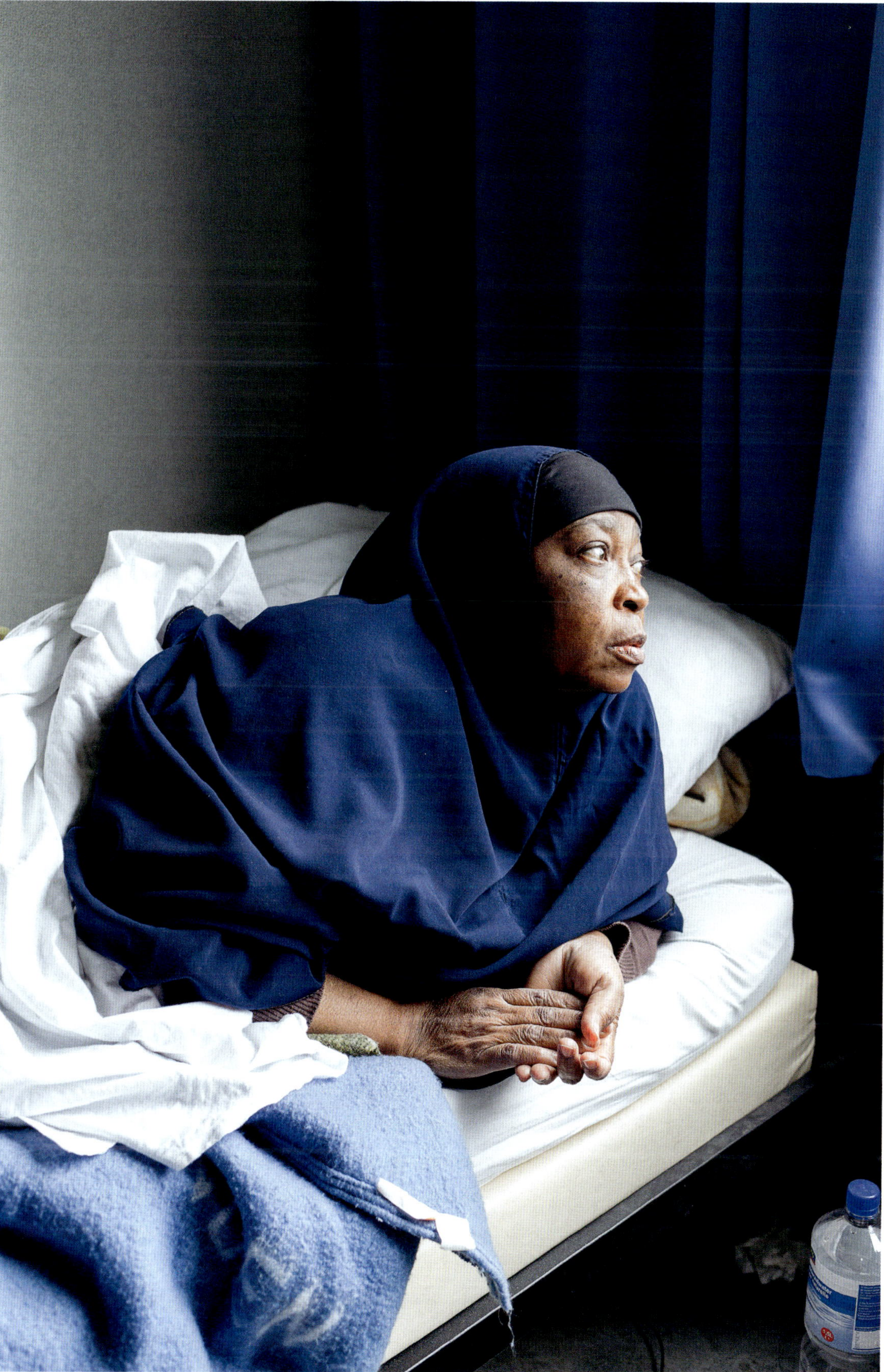

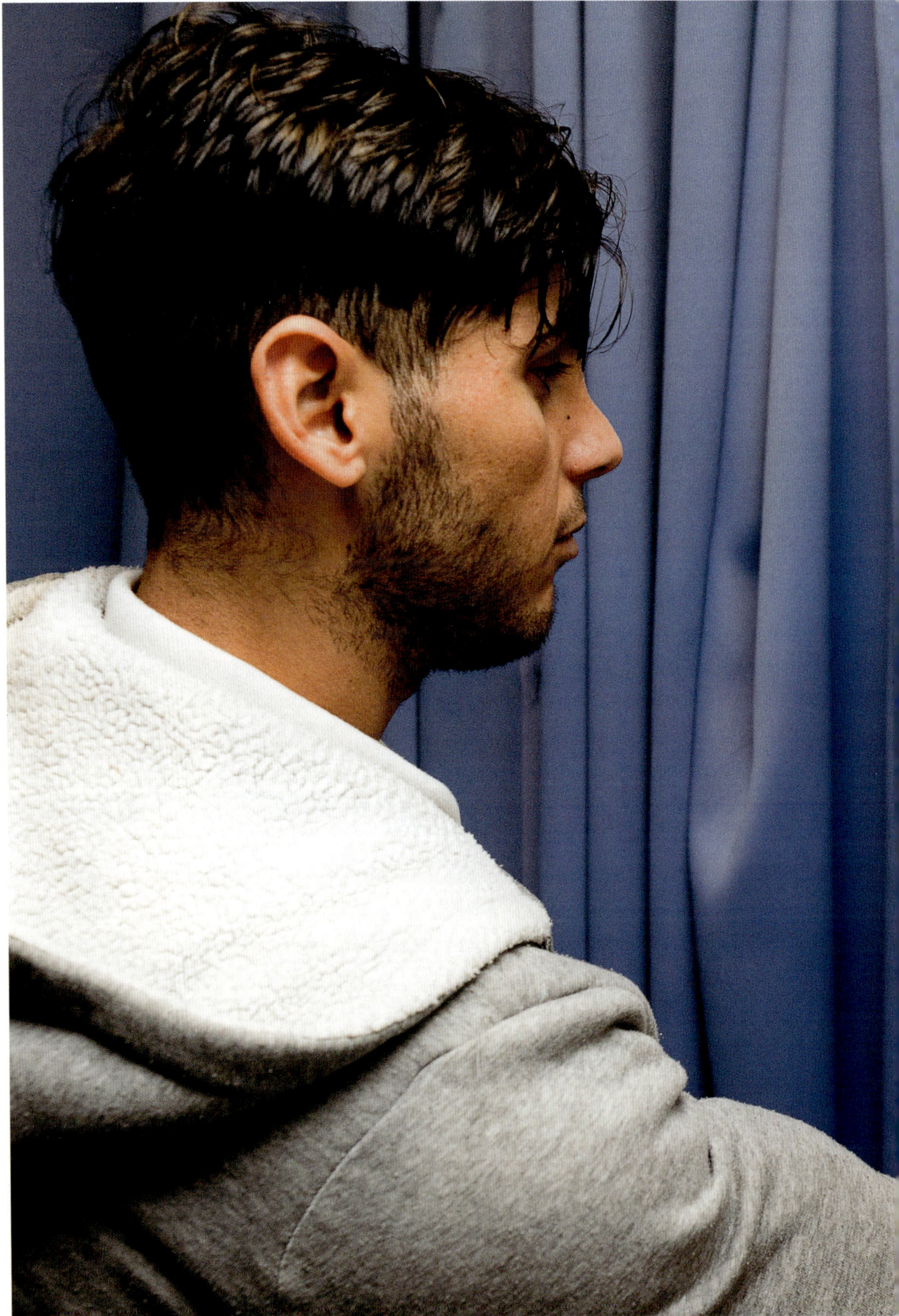

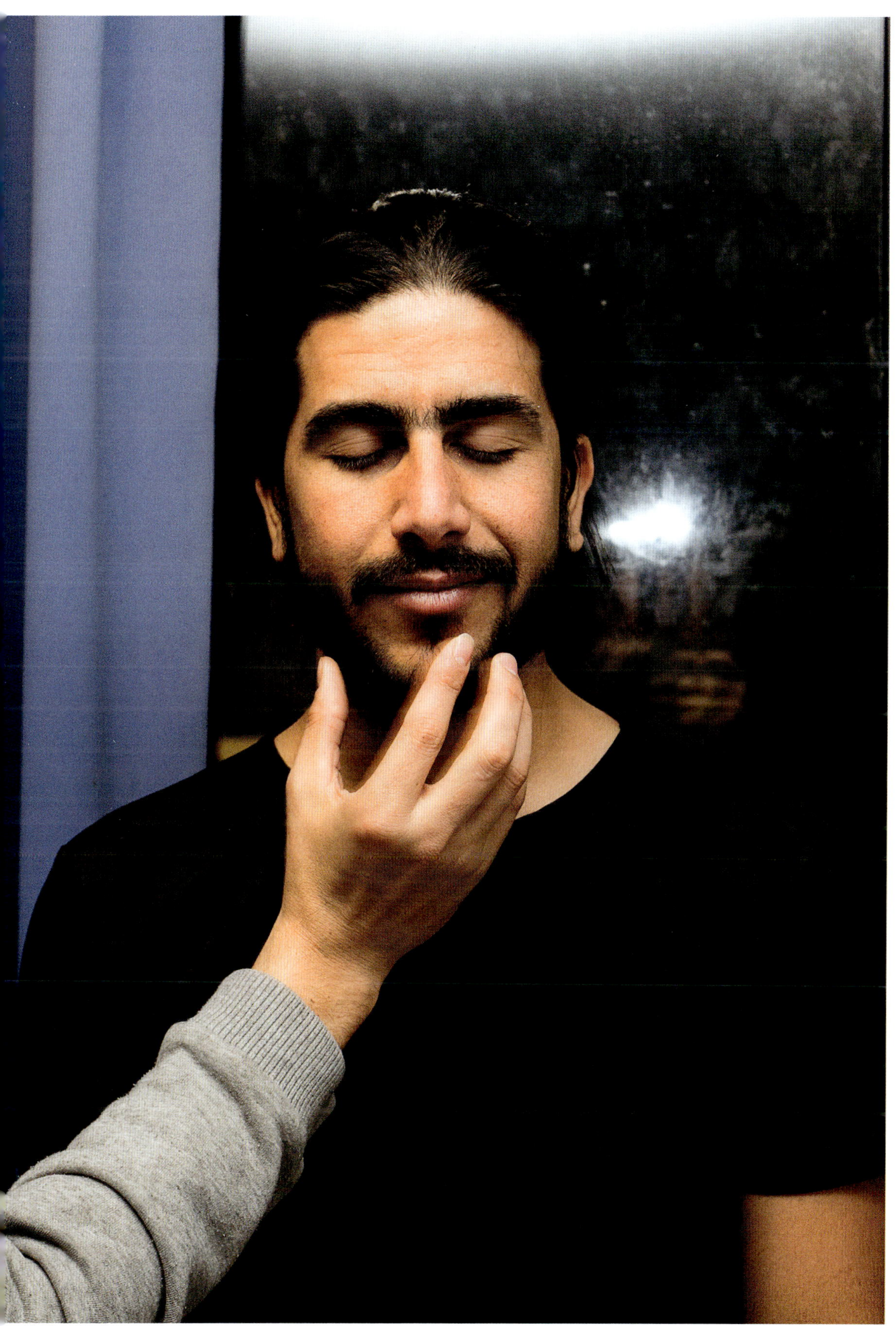

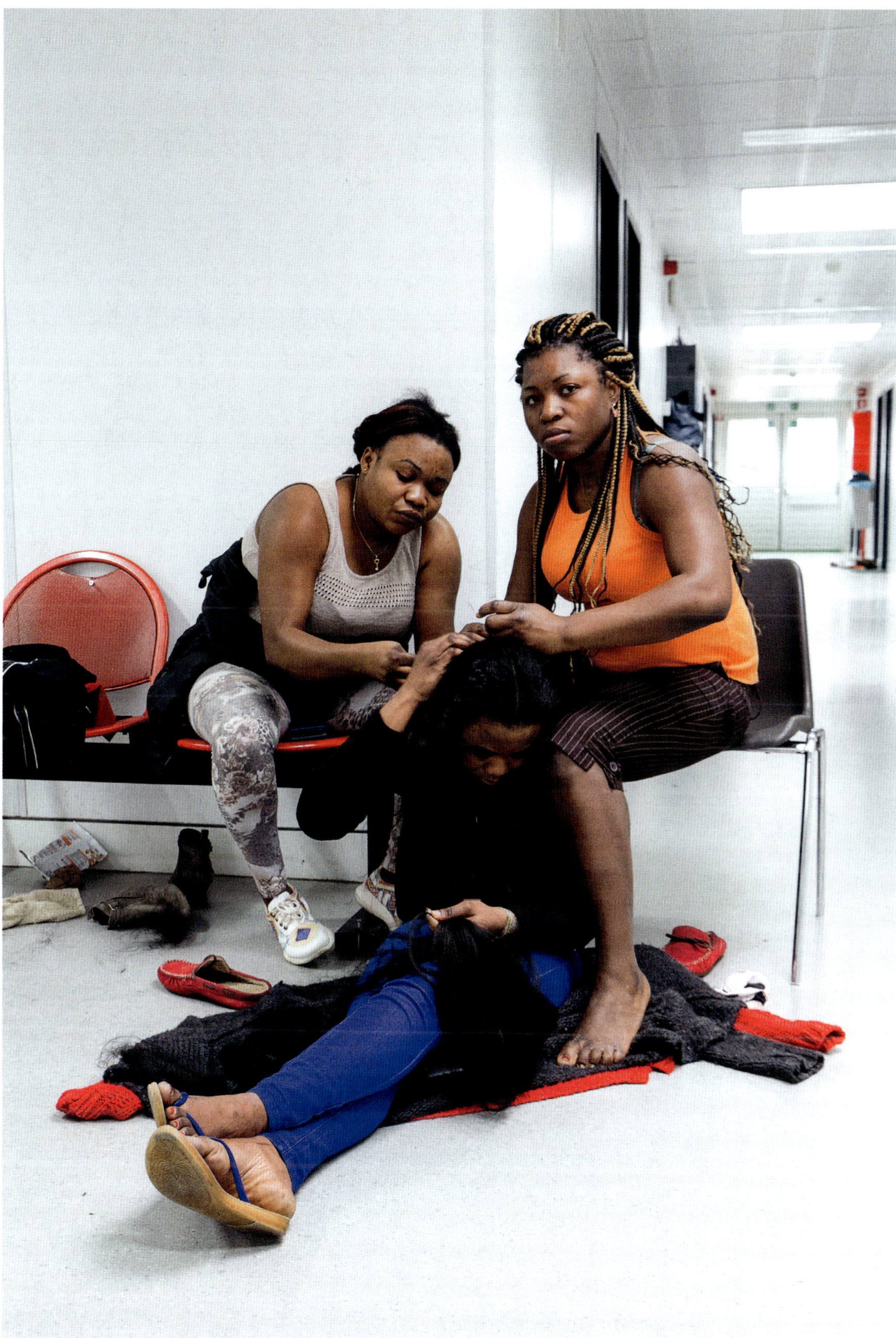

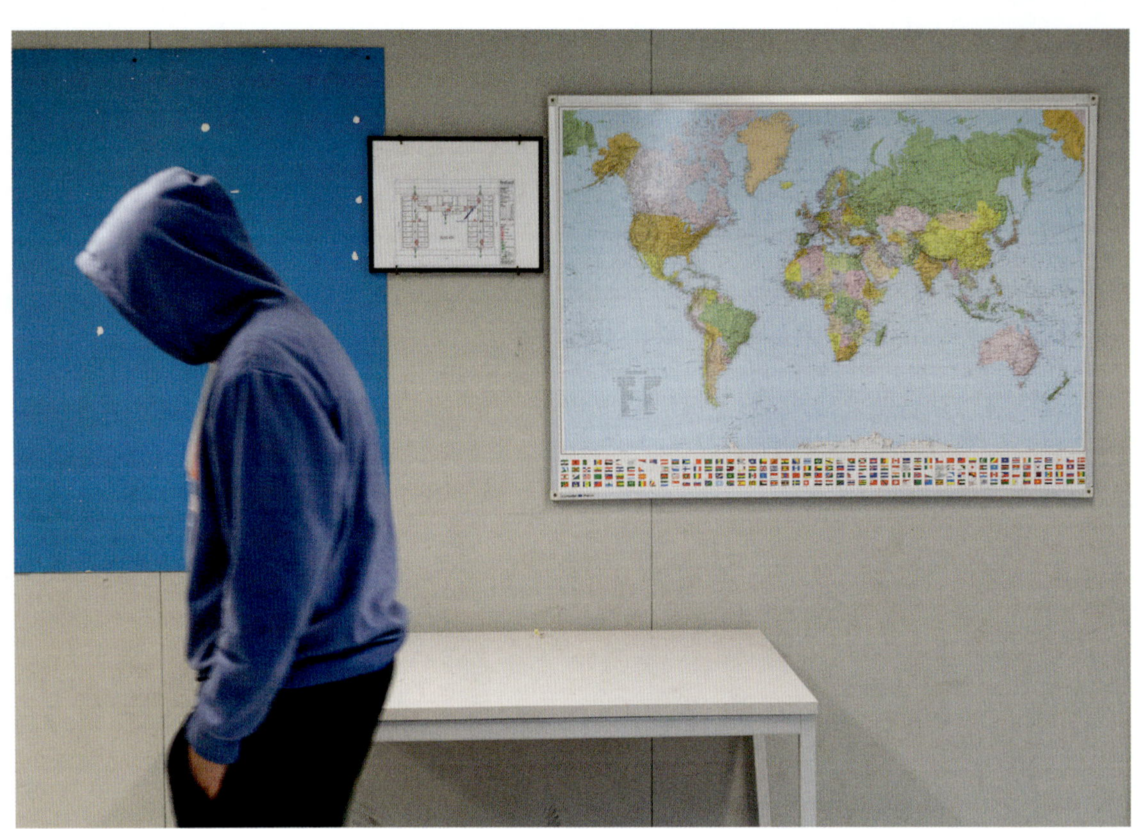

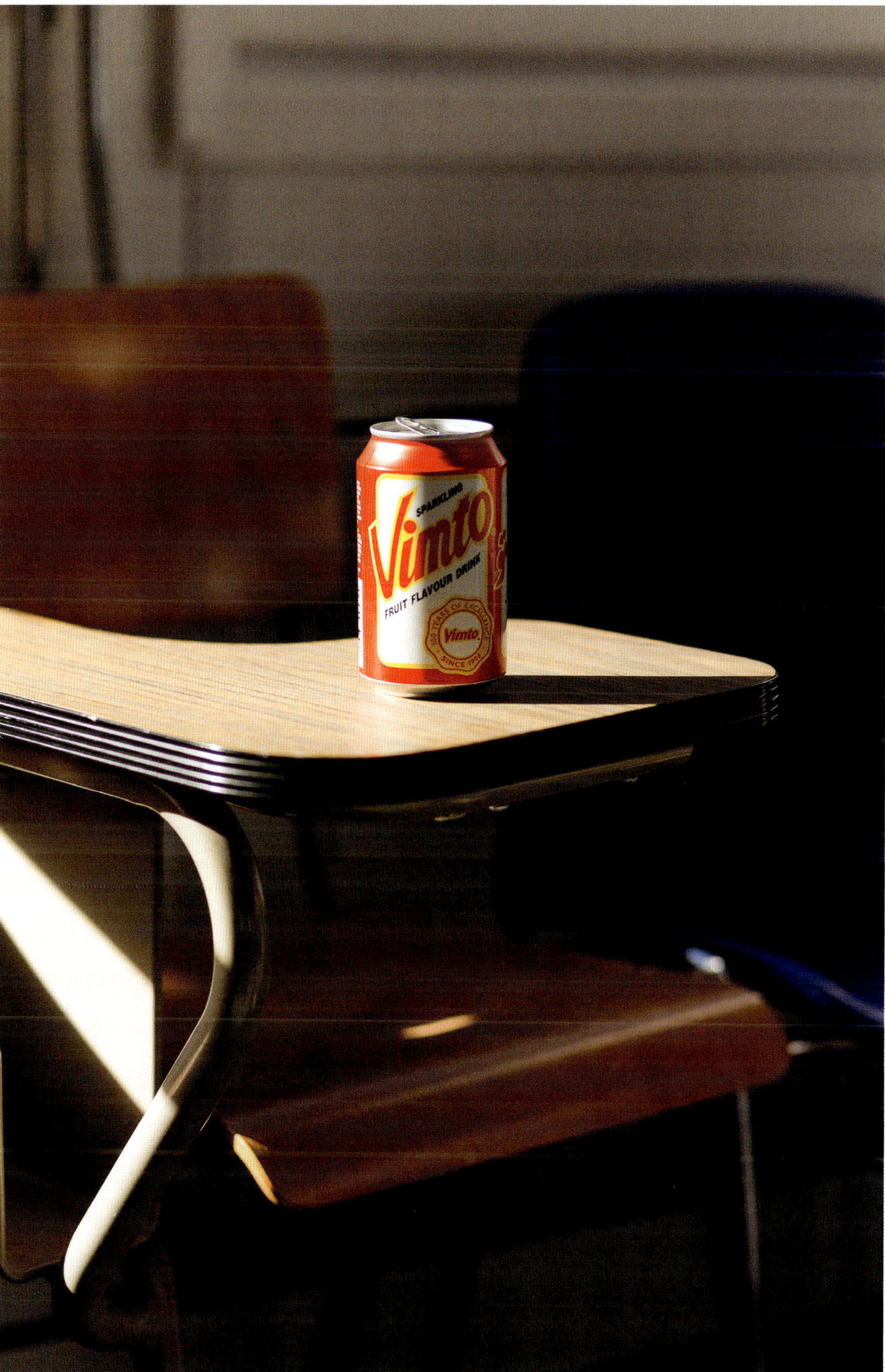
SPARKLING
Vimto
FRUIT FLAVOUR DRINK
100 YEARS OF EXCELLENCE
Vimto

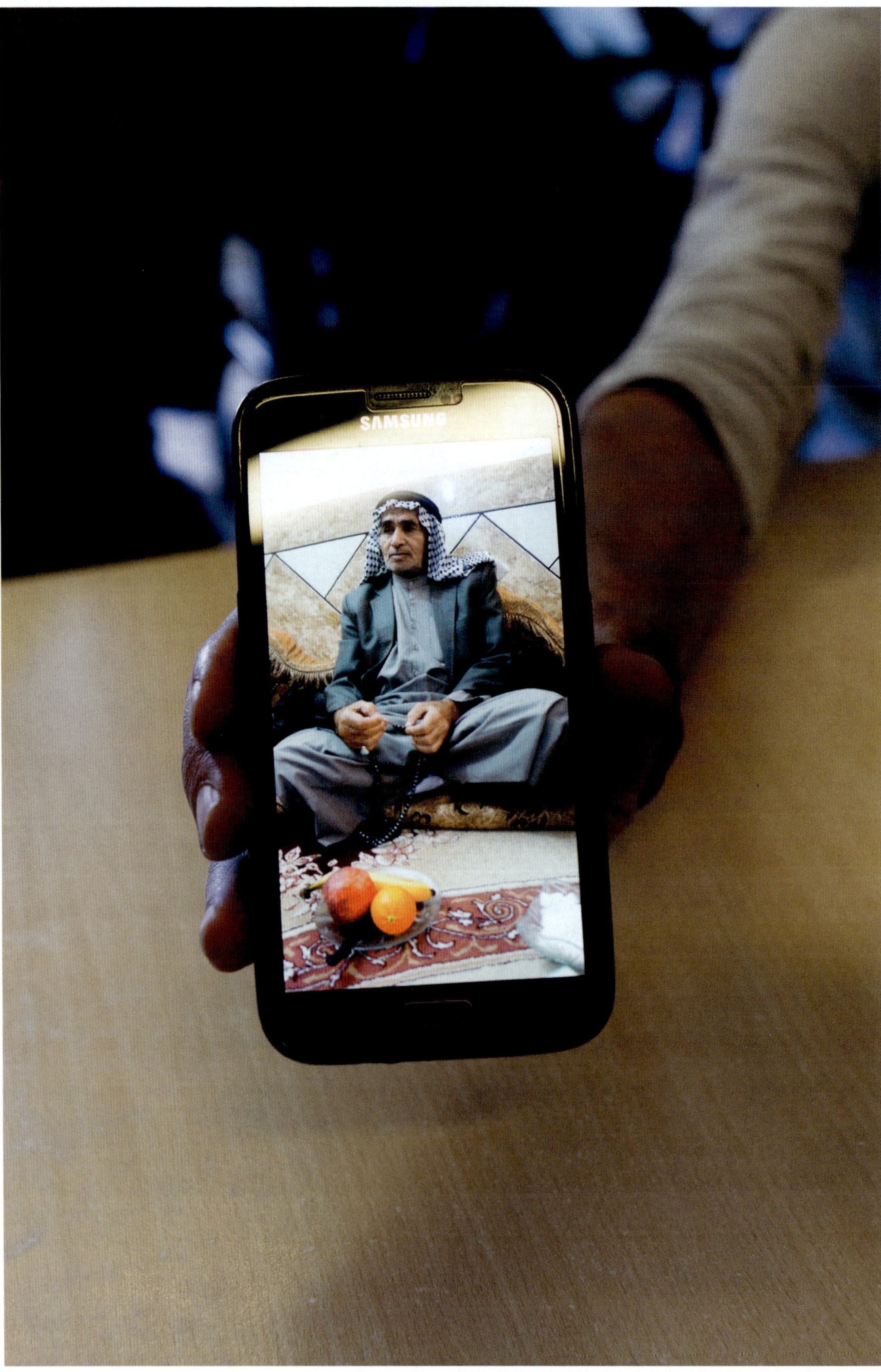
SAMSUNG

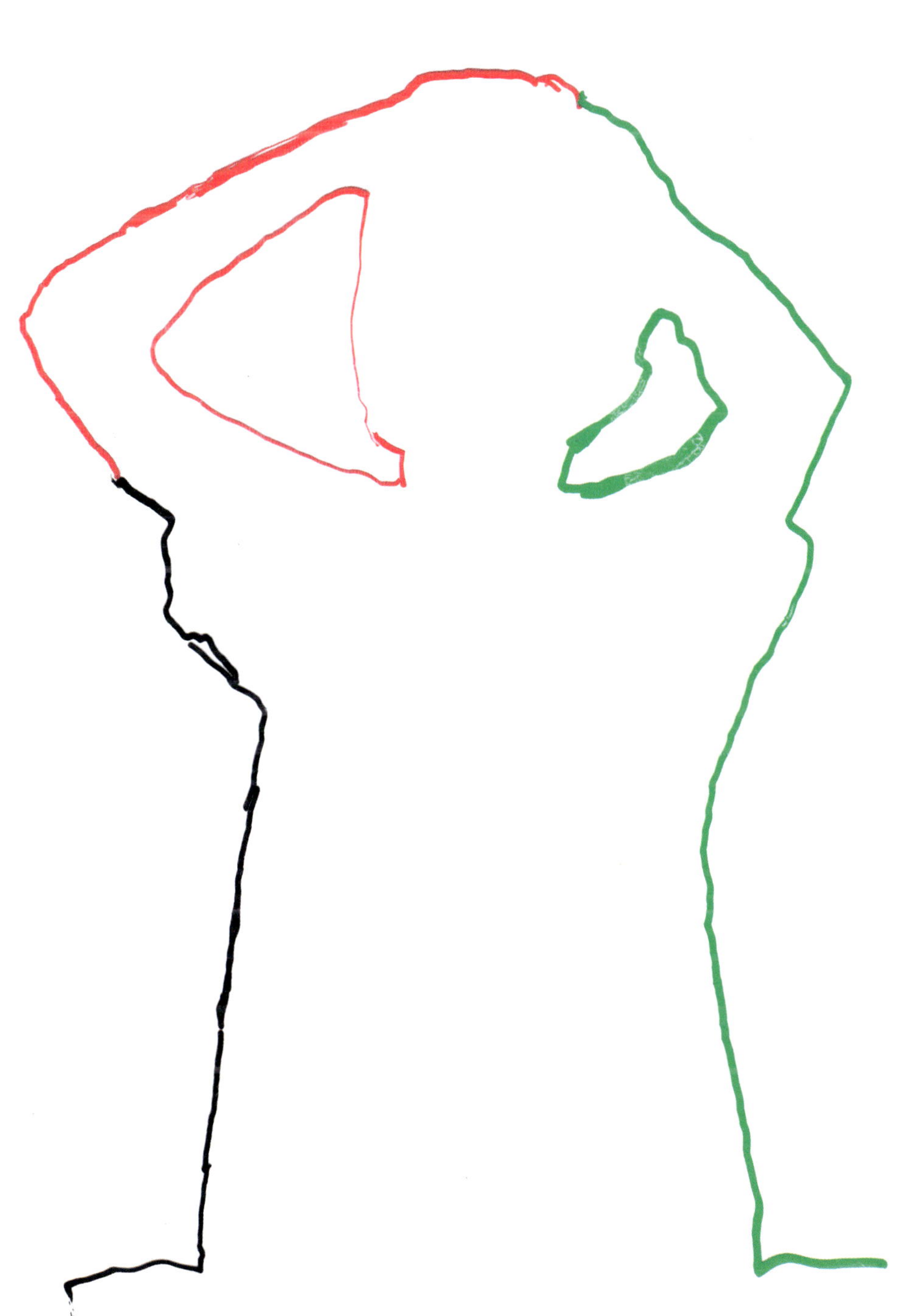

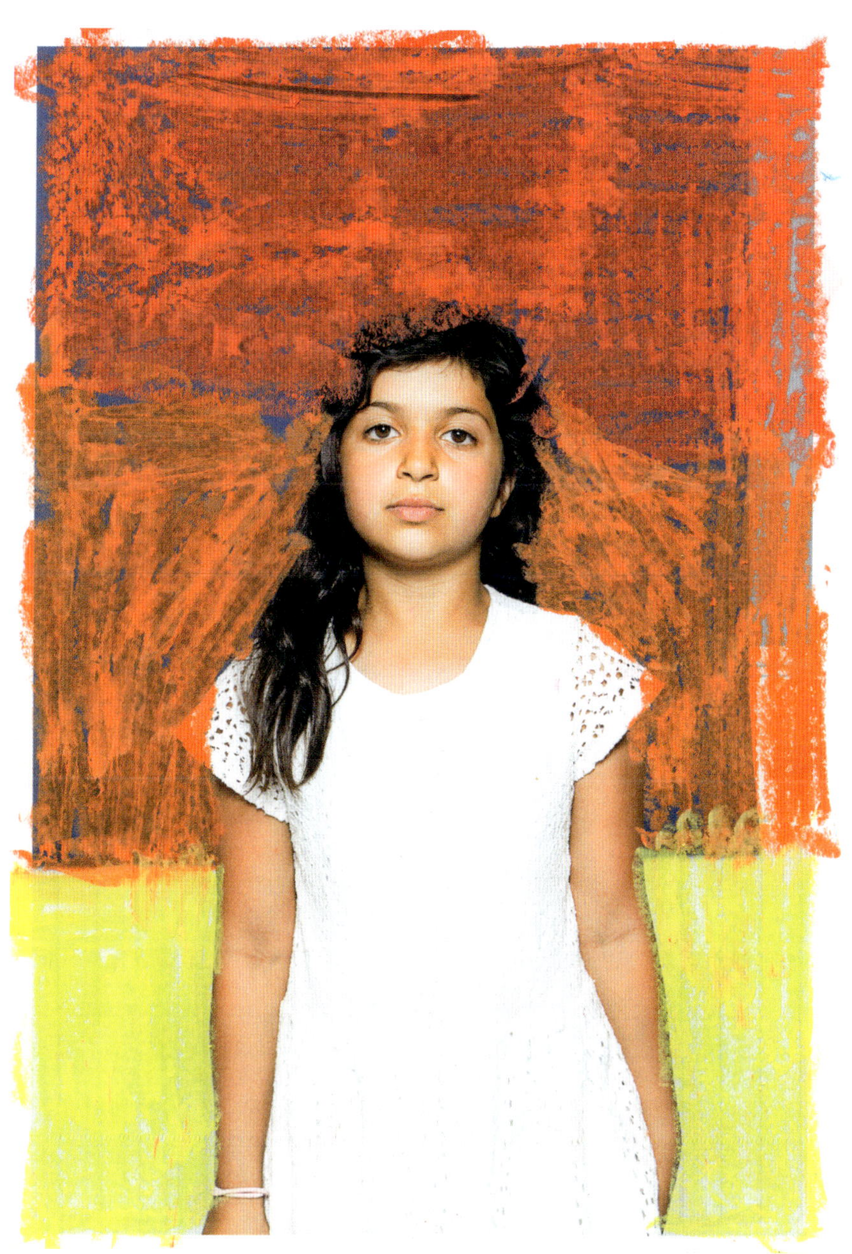

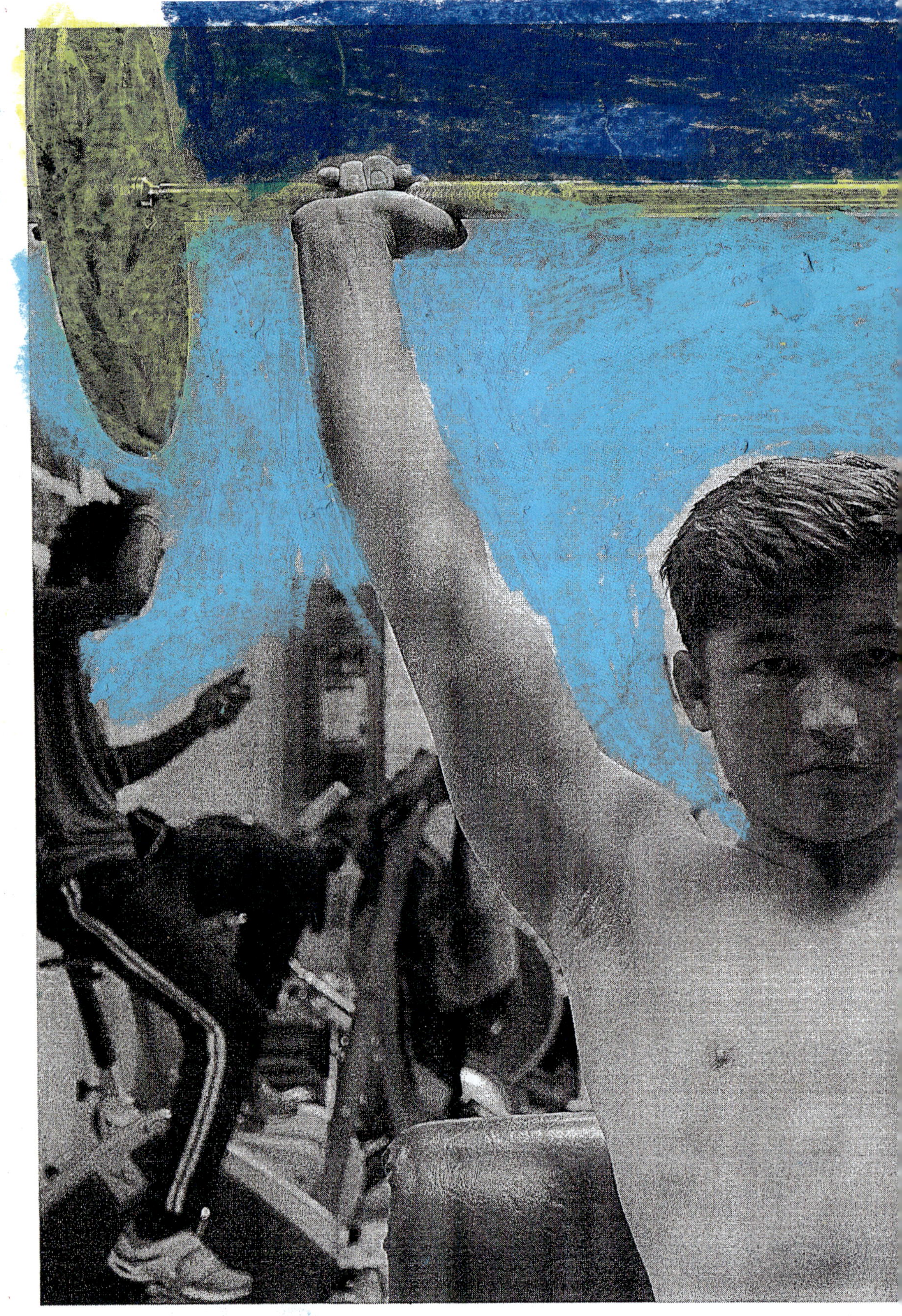

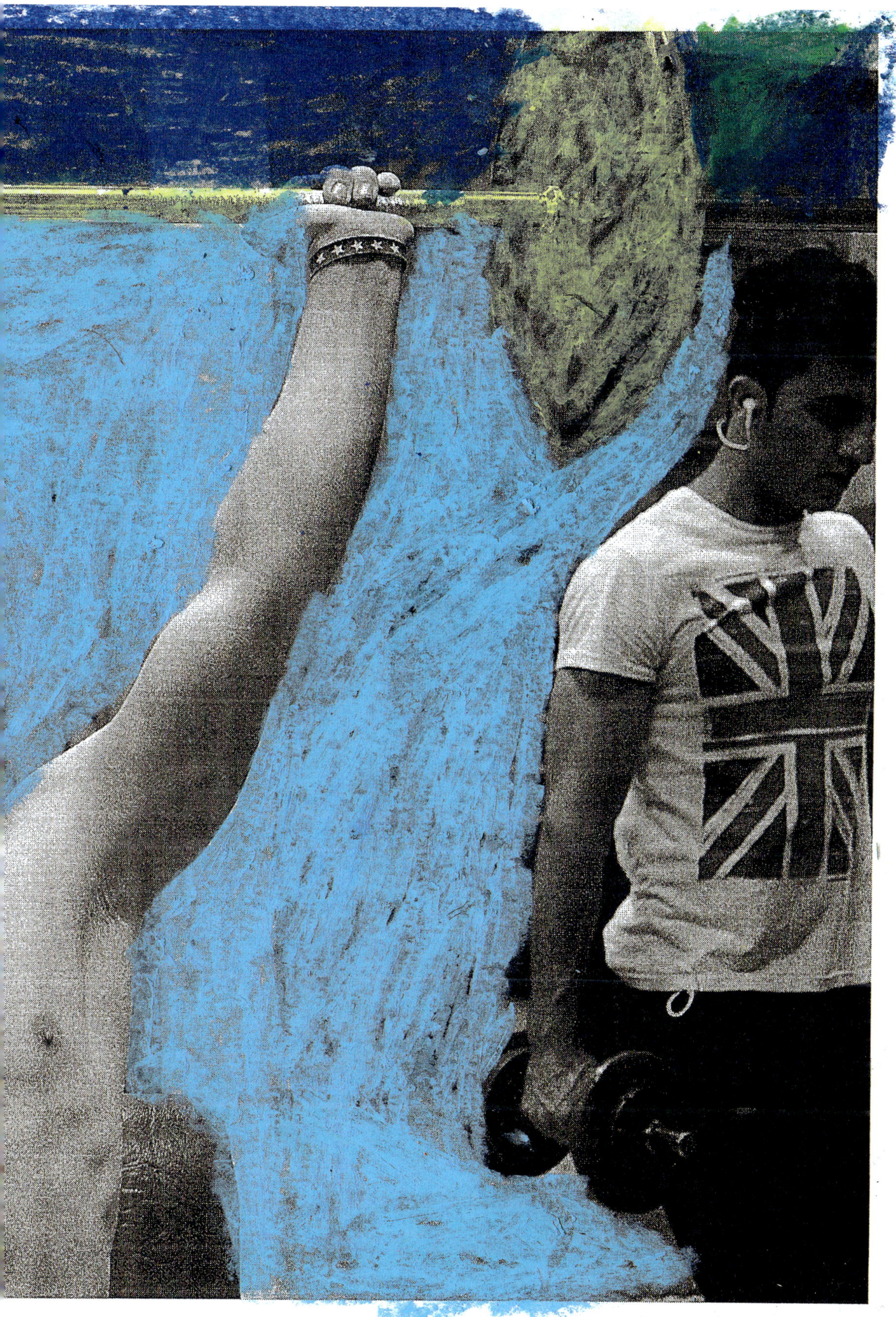

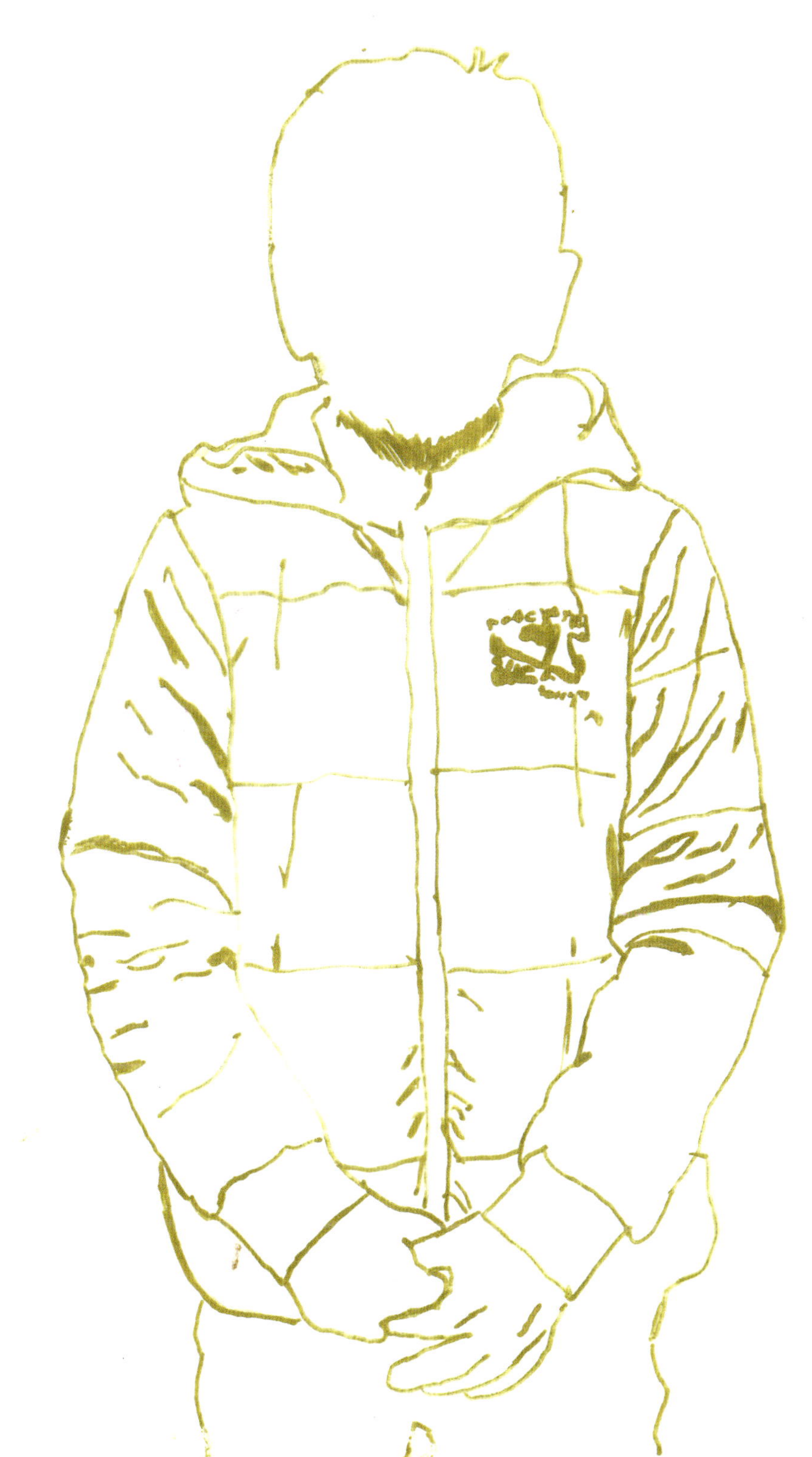

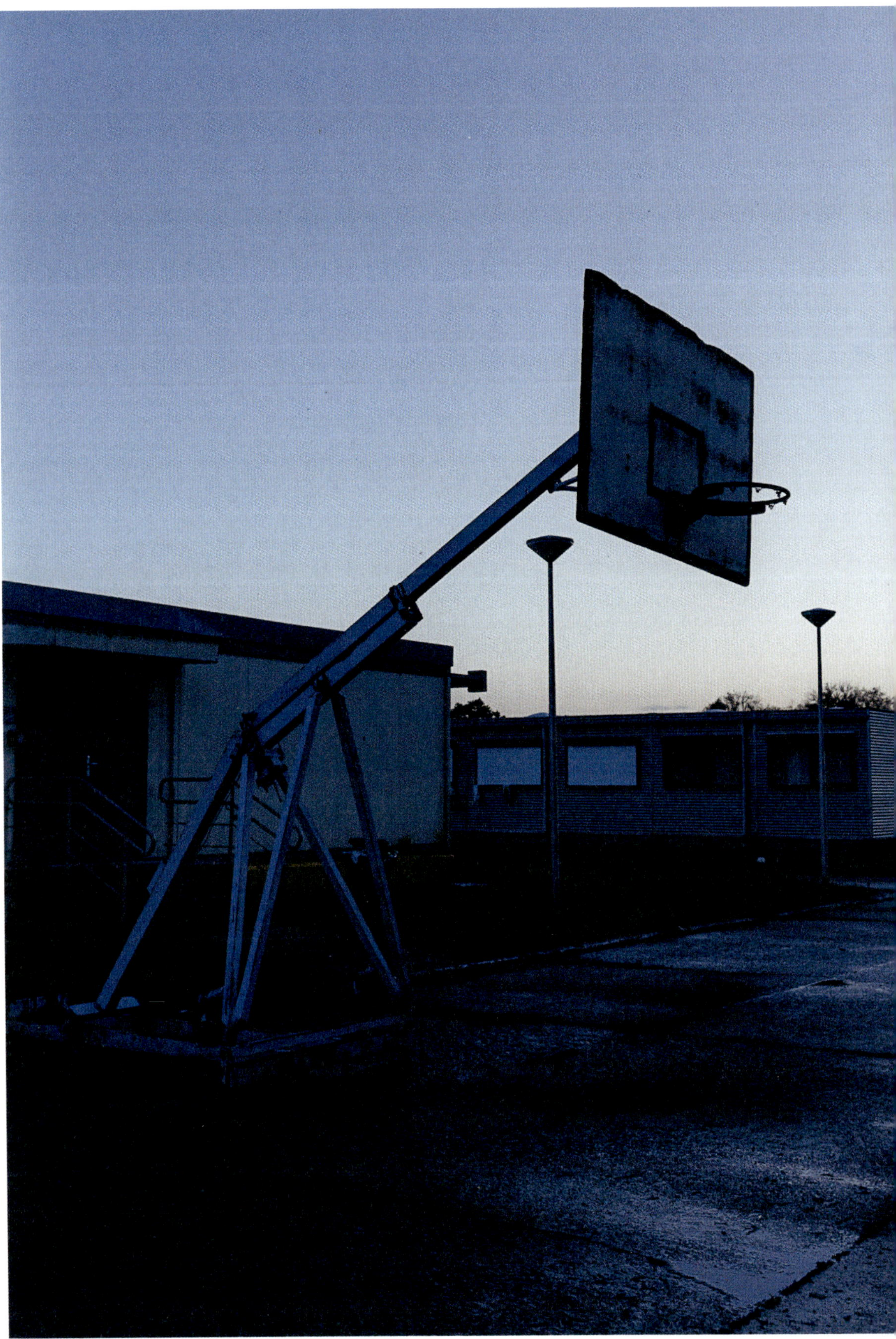

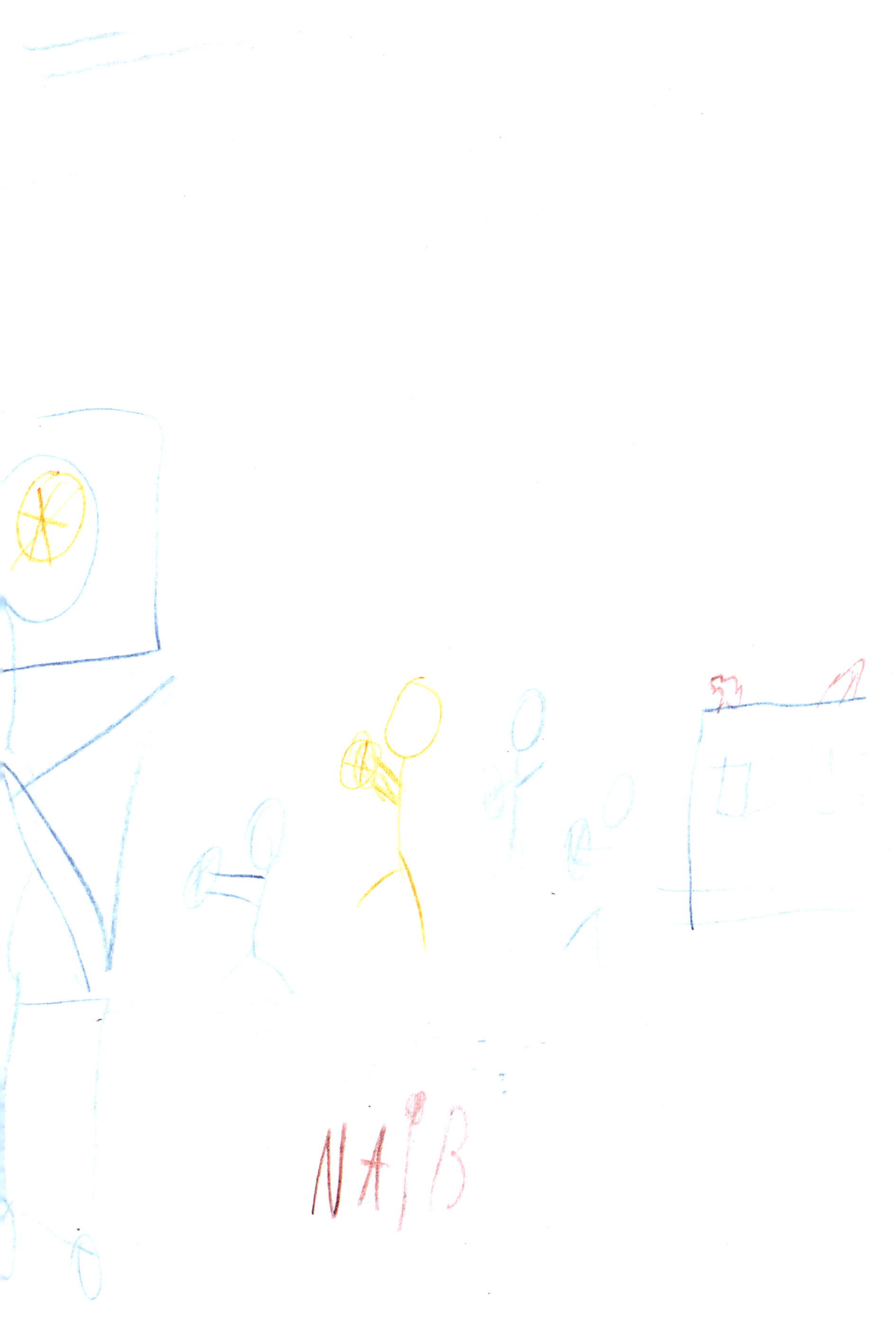
NAiB

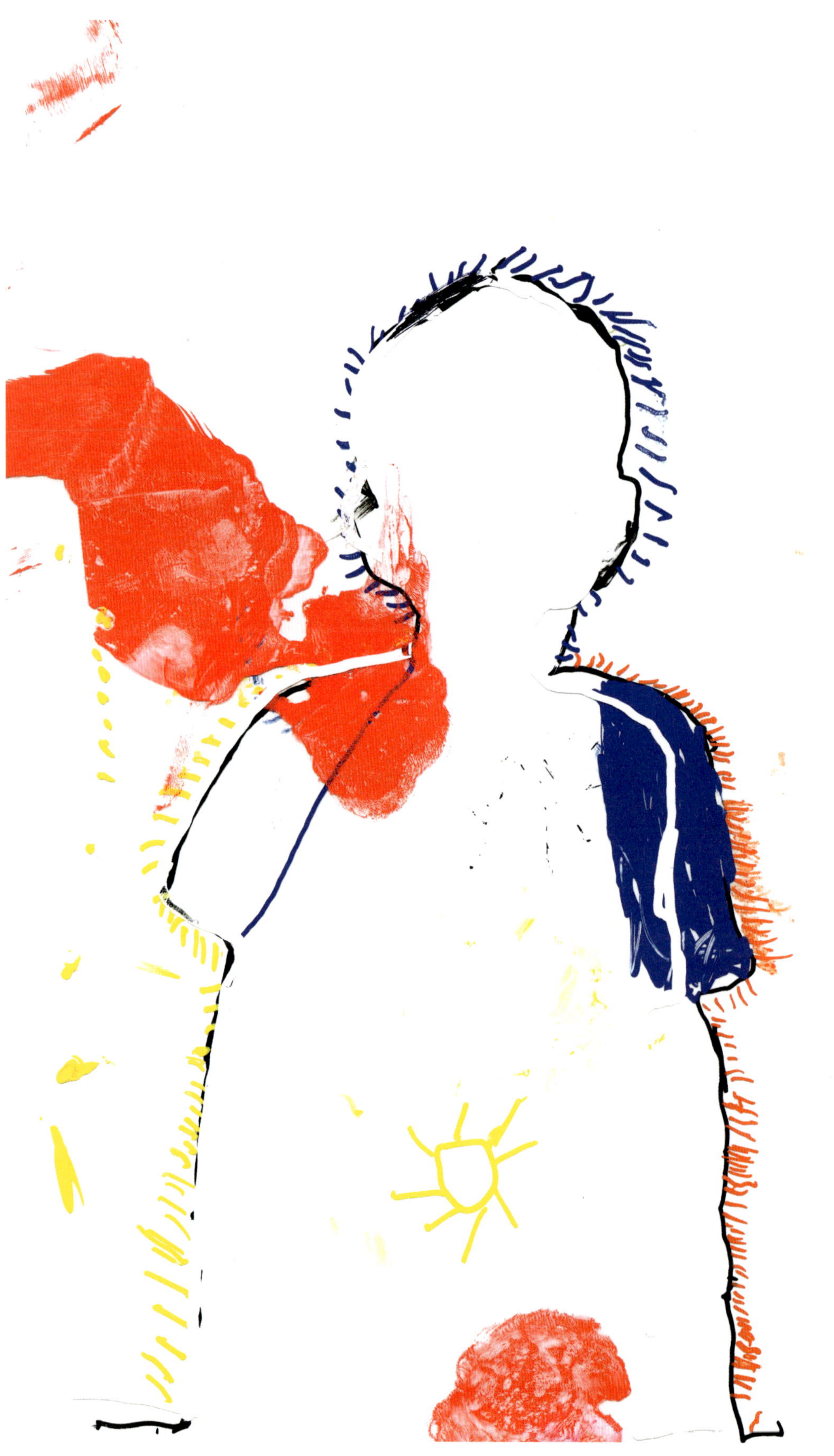

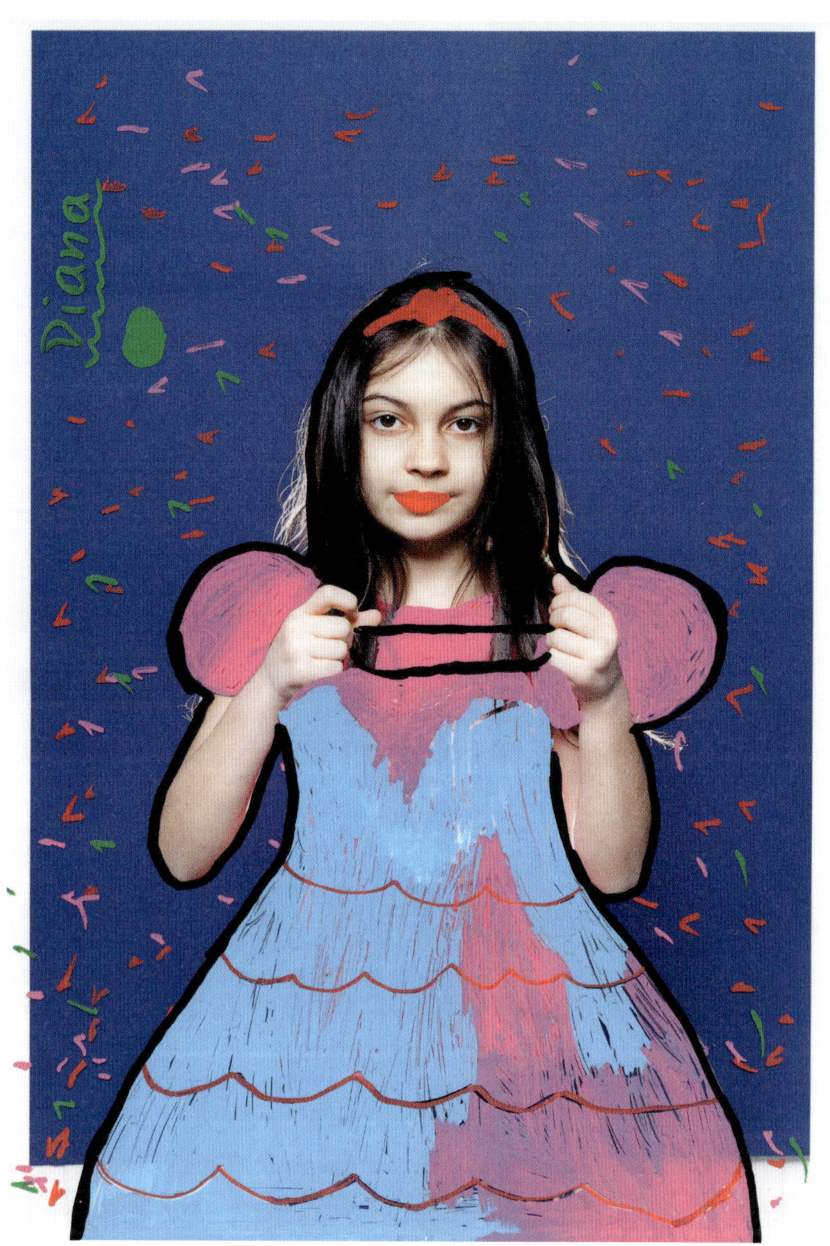
Diana

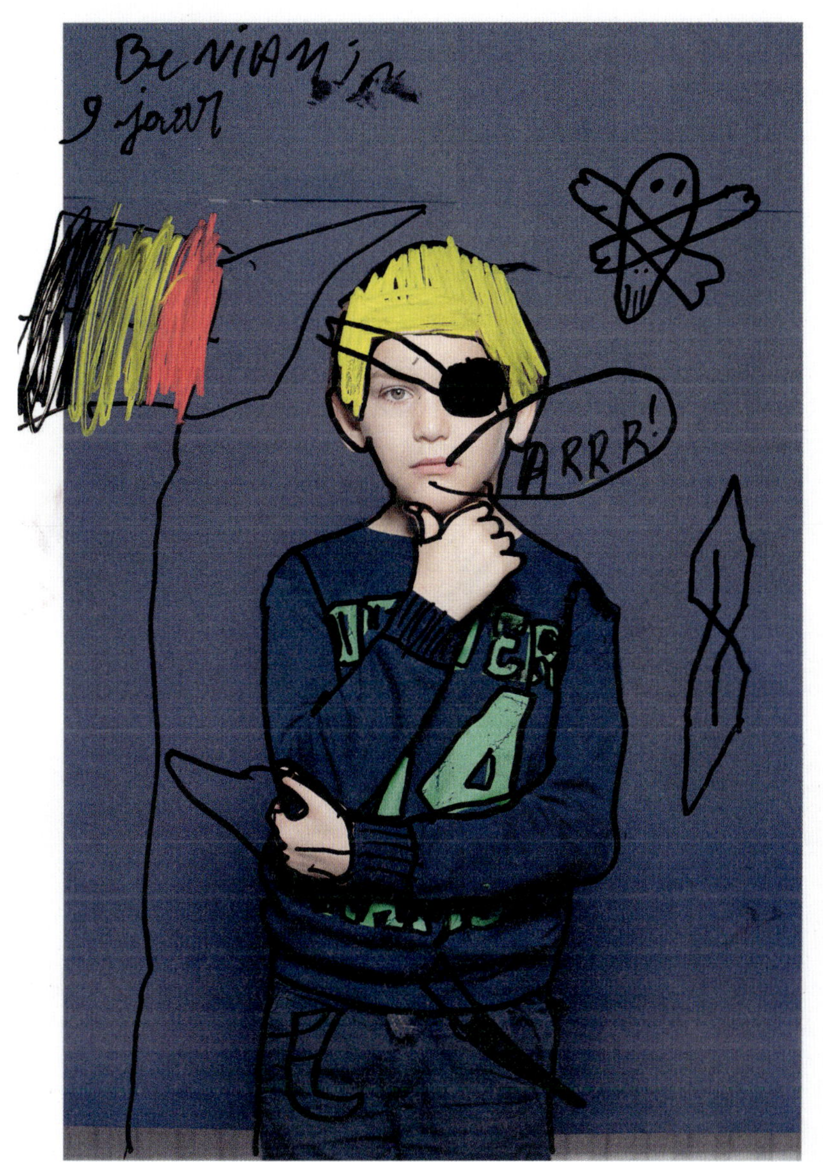
9 jaar
ARRR!

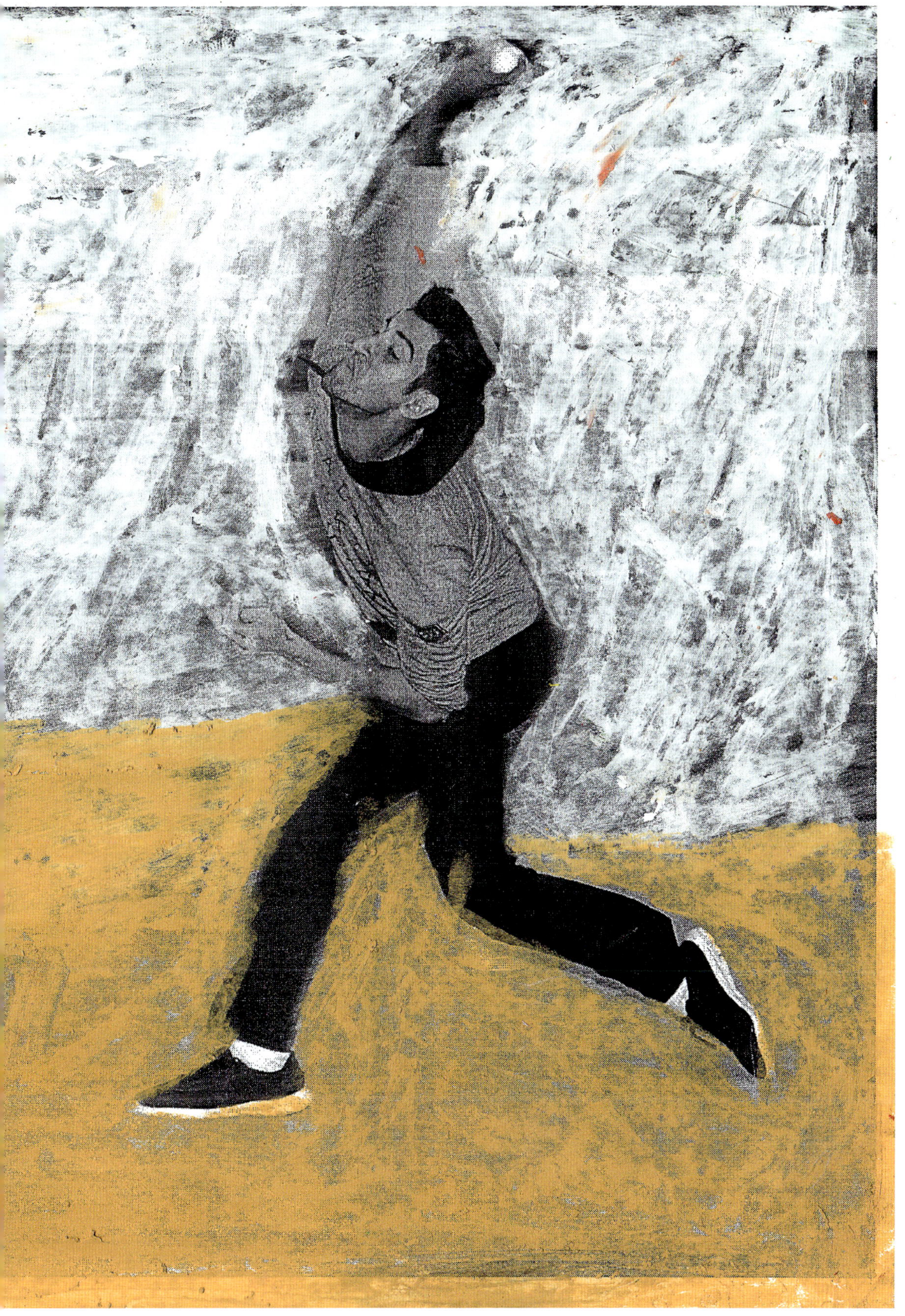

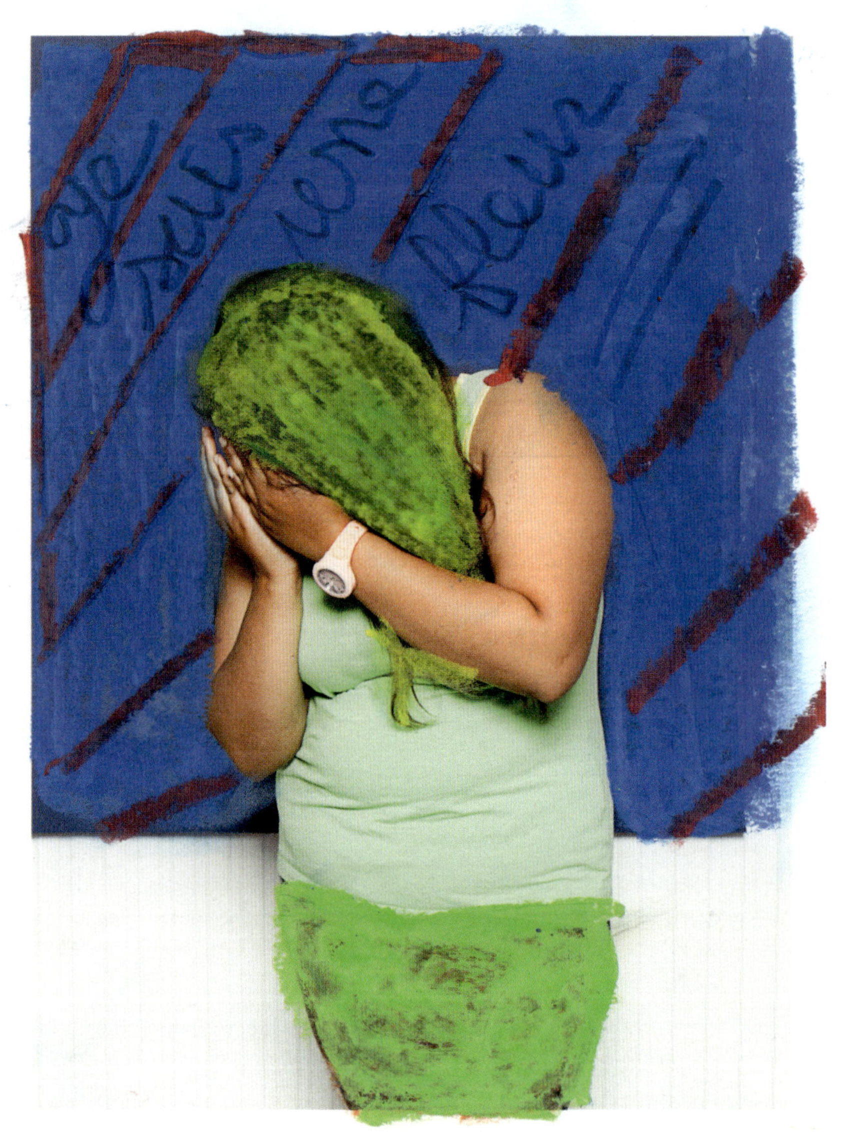
je suis une fleur

EN

Nicolas Prignot
No Sovereign Author

In 2015, citizens organized to assist migrants settled in Brussels' Maximilian Park. As the Belgian government decided to limit the number of requests that the administration would be allowed to process per day, queues to submit asylum requests lengthened. Migrants had to wait. A camp formed in the park near the administration, and citizens strove to offer a decent welcome to those who have fled their home countries. A few months later, the temporary camp was dismantled, yet the citizen dynamic did not weaken.

In what conditions are asylum seekers welcomed from the moment of filing their asylum request to their obtaining of refugee status or their expulsion? Who are these people and what do they expect from Europe? This photographic project was built around these questions. It is a testimony to those who await the Belgian state's response to their asylum applications in the Jodoigne asylum seekers' center, an open center opened about 50 km from the Belgian capital.

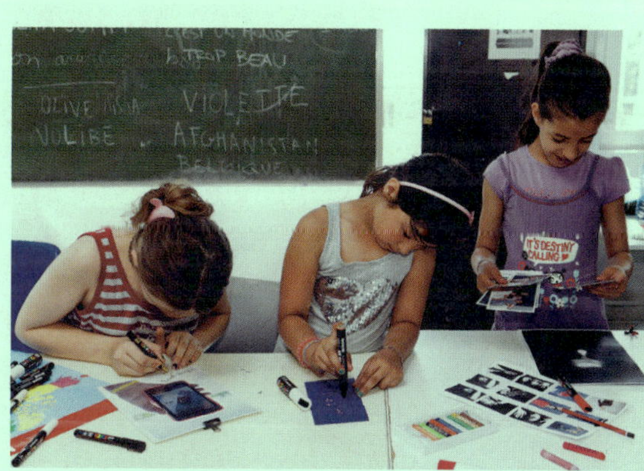

Workshop 1

Life in this center is punctuated by administrative procedures, questioning by the CGRA (the administration in charge of evaluating asylum requests), the steps to prove one's identity and story, to convince the authorities of one's right to asylum. Asylum seekers wait, stopped in an often violent migratory route, not allowed to settle permanently, nor to travel elsewhere. The answer is uncertain, and may be an order to leave the territory or an authorization to start rebuilding a new life here. Some wait for years before reaching the end of these multiple procedures.

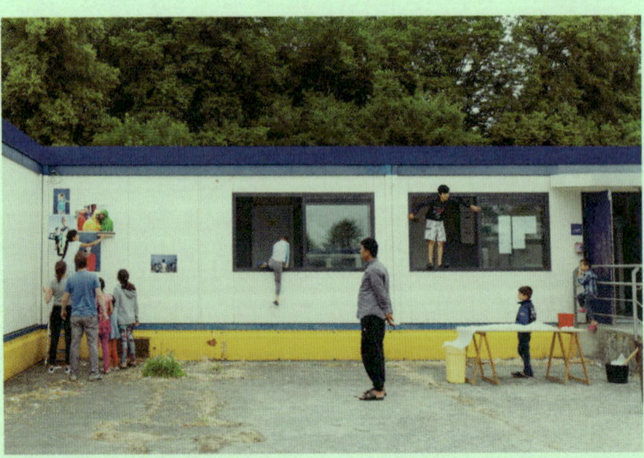

Workshop 2

The photographers focused on this place, and visited it often. They tried to create links, to exchange experiences, to produce sometimes fleeting encounters, but which require work and time. Their will was to above all not repeat the questionings, not to produce wretched images, but, through the connections woven, to produce portraits that testify to who these people are, to their lives, and their force.

Three forms were used, according to the circumstances, without aesthetic a priori and without a hierarchy of forms of images. The first was documentary, showing the living spaces, the traces of past lives, the circumstances of their reception. It allowed the photographers to walk in the labyrinth of the center, to circulate around the buildings, to be seen, to gradually become part of the place, without being facilitators, educators or police. Little by little, the photographers were invited by the inhabitants to enter the refectory and some people's rooms, and to also share the intimacy of smartphone images.

The second form was produced in workshops, organized for the center's inhabitants. In a studio recreated on each visit, made of blue sheets of paper used as a backdrop, a flash and a chair, the authors photographed those who wished, and immediately printed the results. Sometimes, photos previously made were offered to the children, so that they could

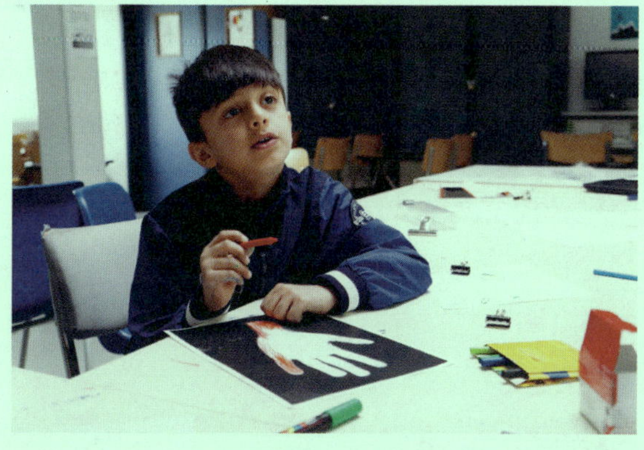

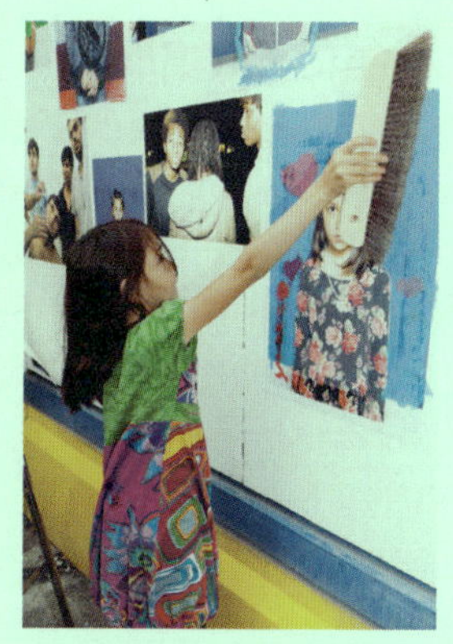

(a) Workshop 1
(b) Workshop 2

appropriate them too. These images were manipulated, colored, inhabited, mixed, drowned in pastels, transcended with pencils, torn, glued, folded. Everyone intervened and appropriated them, beyond the language barrier. The images produced in the workshops were displayed in the private rooms, but also on the outer walls of the center, an additional temporary space of exchange.

The third form were photocopies: portraits done by the children, using the main tool of the bureaucracy of their waiting that the photographers gave them access to. Paper echoed papers, forms and questionnaires, and their much-awaited administrative papers. These images were raw, direct, like the mail that decides their fate : a "positive" or a "negative" response to their asylum application.

All images are a construction. Those that compose this book are constructions too, and take advantage of this constructed character to create meetings, to initiate a work that allows us to glimpse the Other in his or her singularity, familiarity and difference. The photographs are as valuable in themselves as they are in what they made possible, and continue to make possible today. The authorship of the image is a shared role, and this requires allowing oneself to be transformed by the answer of the person posing for the portrait, then appropriating it. The person behind the lens is a producer and produced by the construction processes.

These photographs are somewhere "in between", like those who are waiting here, between a place to live and a place to flee. They inhabit this space of relation, this middle way between the passive and the active form, as what is required by the fact of "letting oneself be affected by something". In this way, there is no sovereign author, no center of the action, only distributions of intensities, which allow multiple gazes and interpretations.

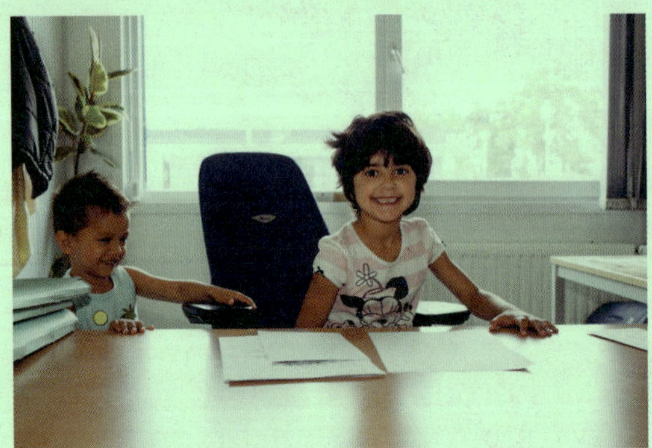

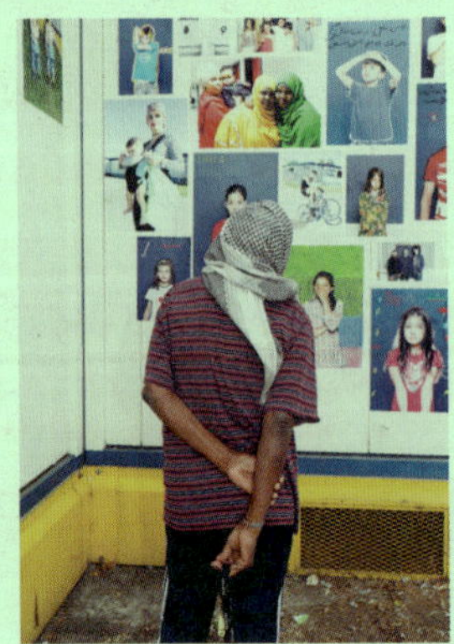

(a) Workshop 1
(b) Workshop 2

Nicolas Prignot
Il n'y a pas d'auteur souverain

En 2015, un accueil citoyen de migrants s'installe au Parc Maximilien. Le gouvernement belge ayant décidé de limiter le nombre de demandes que l'administration pourra traiter par jour, les files d'attentes pour pouvoir introduire une demande d'asile s'allongent. Les migrants doivent attendre. Un campement s'installe dans le parc situé à proximité de l'administration, et des citoyens s'acharnent à offrir un accueil digne de ce nom à ceux qui ont fui leur pays d'origine. Quelques mois plus tard, le camp provisoire est démantelé, même si la dynamique citoyenne ne faiblira pas.

Dans quelles conditions les demandeurs d'asile sont-ils accueillis entre la formulation de leur demande et l'obtention d'un statut de réfugié ou leur expulsion ? Qui sont ces personnes et qu'attendent-elles dc l'Europe ? C'est à partir de ces questions que s'est construit ce projet photographique. Il témoigne de ceux qui attendent une réponse de l'Etat Belge sur leur demande d'asile dans le Centre d'Accueil pour demandeurs d'asile de Jodoigne, un centre ouvert établi à environ 50 km de la capitale.

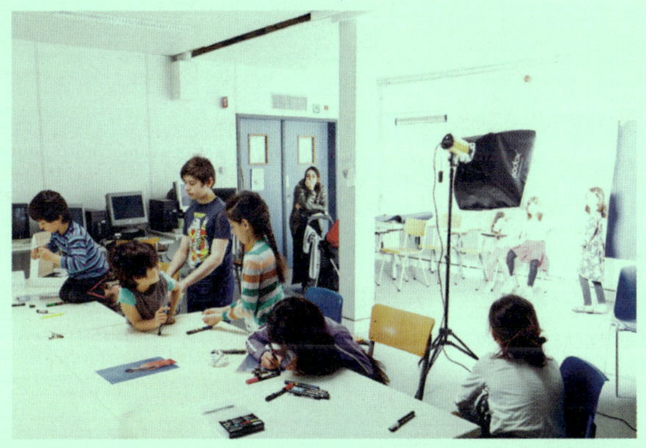

(a) Workshop 1
(b) Workshop 2

Dans ce centre, la vie est scandée par les démarches administratives, les interrogatoires du CGRA, les démarches pour prouver son identité et faire preuve de son récit, convaincre de son droit à l'asile. Les demandeurs d'asile sont en attente, un arrêt dans un parcours migratoire souvent violent, ni autorisés à s'installer durablement, ni en voyage vers un ailleurs. La réponse est incertaine, et peut être un ordre de quitter le territoire ou une autorisation à commencer à reconstruire sa vie ici. Certains attendent des années avant d'arriver au bout de multiples procédures.

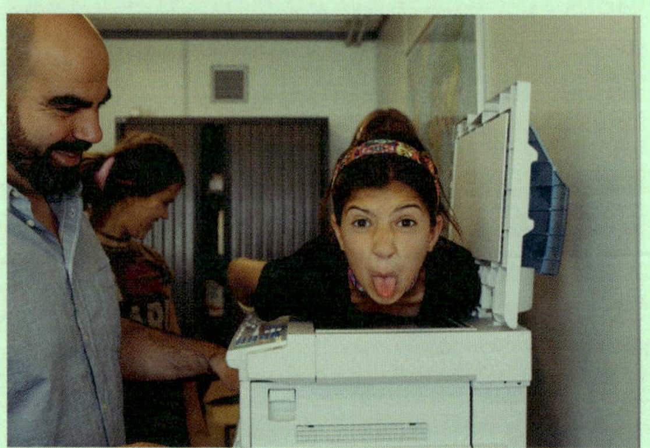

(a) Workshop 1
(b) Workshop 2

Les photographes se concentrent sur ce lieu, et y reviennent souvent. Ils tentent de créer des liens, d'échanger des expériences, de produire des rencontres, parfois fugaces, mais qui demandent du travail et du temps. Surtout ne pas refaire de l'interrogatoire, ne pas produire des images misérabilistes, mais à travers des liens tissés produire des portraits qui témoignent de qui sont ces gens et de leur vie, de leurs puissances.

Trois formes auront été utilisées, au gré des circonstances, sans à priori esthétique et sans hiérarchie des formes d'images. La première est documentaire, fait voir les lieux de vie, les traces des vies passées, les circonstances de l'accueil organisé. Il leur a permis de déambuler dans les artères du centre, de circuler dans les alentours des bâtiments, d'être vus, de faire petit à petit partie du lieu sans être un animateur, un éducateur ou un policier. Petit à petit, les photographes seront invités par les habitants à entrer, dans le réfectoire, dans la chambre de certains, mais aussi à partager l'intimité des images des smartphones.

La seconde forme est celle produite par des ateliers, organisés pour les habitants du centre. Dans un studio refabriqué à chaque visite,